Cozinheiros
EM AÇÃO

THIAGO CASTANHO

Cozinheiros em ação

gnt

GLOBO estilo

APRESENTAÇÃO

Cozinhar é emocionar com a comida. É servir, cuidar, amar. Quando estamos diante de alguns ingredientes, mesmo não sendo cozinheiros, buscamos inconscientemente o que se pode fazer com aquilo. O que muita gente chama de dom, eu costumo chamar de sensibilidade. Saber cozinhar é ser sensível às vivências pessoais.

Um arroz com galinha feito por sua mãe em um aniversário de criança. O cheiro do pão que sua avó fez enquanto você ainda era carregado no colo por sua tia. O cheiro de um coentro sendo cortado pelo seu pai em um almoço de família. Ou ainda aquele prato de um restaurante na praia em um dia em que tudo estava dando certo. Todas essas situações ficam gravadas na nossa memória gustativa e servem de ferramentas para criação de um prato, ou simplesmente para cozinhar entre amigos.

O programa *Cozinheiros em ação* do canal GNT reúne familiares em uma divertida competição. Nela, os participantes se valem de suas memórias e experiências compartilhadas para criar preparos a partir de diferentes temas propostos. Neste livro, reuni as receitas vencedoras criadas com sensibilidade pelos competidores da quinta temporada do programa – e acrescentei minhas próprias leituras para os temas de cada episódio.

O cozinheiro mais sensível, aquele que praticar essa sensibilidade com mais afinco, com certeza transmitirá essas emoções através da comida para quem for. São esses os grandes detalhes que distinguem um bom cozinheiro de um grande cozinheiro que toca no coração de alguém. Que este livro sirva de inspiração para você criar novas memórias e momentos inesquecíveis com a família e entre os amigos.

Thiago Castanho

SUMÁRIO

banana 10

Bobó de palmito-pupunha com banana-da-terra e leite de castanha-do-pará 12

Espaguete de banana-verde 16

Sorvete de banana com cacau e praliné de nibs 18

Bolo de banana da Landinha 21

Nhoque de banana 22

mandioca 24

Tacos com farinha de mandioca 26

Bolo salgado de macaxeira com queijo canastra 30

Cordeiro assado com cuscuz de farinha de mandioca 32

Bolinho de mandioca 36

Caipirinha de caju com melaço 37

café 66

Negroni com laranja tostada e gelo de café 68

Pudim de cappuccino com calda de laranja e caramelo 70

Rabanada com café e beterrabas 74

Filé mignon com crosta de café e cuscuz 75

peixe de rio 76

Ceviche de tucunaré com maracujá 78

Peixe empanado no pão de açaí 80

Filé de pintado no missô assado na brasa e farofa de banana com gengibre 82

Isca de pirarucu com maionese 86

carne moída 38

Beiju de beterraba com steak tartare 40

Búrguer de cordeiro com molho de tahine, coalhada e hortelã 42

Linguiça de pato com salada de pimentão assado 46

Polpetone com macarrão e abobrinha 50

Pastel folhado de carne 52

pomar 54

Chutney de tomate 56

Sopa fria de cenoura com manga e sorvete de leite de coco e cardamomo 58

Pão de açaí no vapor 62

Ceviche de manga e camarão 64

Crumble de manga 65

hortaliças 88

Picles de chuchu 90
de maxixe, mel e endro 90
de mamão verde no missô 91

Quiabo enrolado no bacon com molho holandês de maracujá 94

Repolho assado na brasa com molho apimentado de pasta de amendoim 98

Chá gelado de hibisco com limão e especiarias 102

Ensopado de cogumelos com brócolis 104

Abóbora-japonesa com carne-seca 105

aves e ovos 106

Chawanmushi de camarão seco 108

Arroz de pato com chouriço 110

Suflê de doce de leite com flor de sal e calda de requeijão 114

Pato com chutney de manga 116

milho 118

Pipoca caramelizada com toffee de amburana, alecrim e flor de sal 120

Broa de fubá e banana assada na folha de bananeira 122

Cozido de milho branco com carnes salgadas e defumadas 124

Polenta branca com ragu de frango 127

feijão e arroz 152

Falafel de feijão-branco com molho de iogurte e pasta de amendoim 154

Arroz meloso de rabada com cogumelo e rúcula 158

Homus de Santarém 162

Bolinho de arroz com molho de tahine e arroz de carreteiro 164

boi e porco 166

Barriga de porco assada com rapadura e vegetais tostados 168

Wrap de couve com porco 170

Cupim com shoyu e gengibre e arroz glutinoso de beterraba 172

Maçã recheada com caramelo salgado 177

vísceras 128

Sanduíche de língua de boi, picles de chuchu, mostarda e maionese de leite 130

Moela de galinha com molho de tomate e chouriço 134

Coração de galinha com gengibre, cebolinha, shoyu e melaço de cana 136

Terrine de fígado de galinha 138

leite 140

Gougère de queijo canastra 142

Panna cotta cítrica, toffee salgado de cumaru e pipoca de arroz 144

Sorvete de iogurte com raspadinha de mojito 148

Crostata de ricota e chocolate quente 150

banana

BOBÓ DE PALMITO--PUPUNHA COM BANANA-DA-TERRA E LEITE DE CASTANHA--DO-PARÁ

1H | 4 PORÇÕES

400 G DE CASTANHA-DO-PARÁ

2 L DE ÁGUA MORNA

20 ML DE AZEITE DE OLIVA EXTRA VIRGEM

1 COLHER (CHÁ) DE CÚRCUMA EM PÓ

UMA PITADA DE COMINHO EM PÓ

UMA PITADA DE PIMENTA-DO-REINO MOÍDA

1 COLHER (CHÁ) DE URUCUM (OU COLORAU) EM PÓ

1 COLHER (SOPA) DE GENGIBRE DESCASCADO E RALADO

1 DENTE DE ALHO PICADO

2 COLHERES (SOPA) DE CEBOLA PICADA

1 PIMENTA-DE-CHEIRO

200 G DE MACAXEIRA COZIDA

O QUANTO BASTE DE SAL

300 G DE PALMITO PUPUNHA FRESCO E CORTADO EM RODELAS GROSSAS

200 G DE BANANA-DA-TERRA MADURA, SEM CASCA E CORTADA EM RODELAS GROSSAS

50 G DE TOMATE CORTADO EM CUBOS GRANDES

30 G CEBOLA-BRANCA CORTADA EM CUBOS MÉDIOS

50 G PIMENTÃO VERMELHO CORTADO EM CUBOS MÉDIOS

2 COLHERES (SOPA) DE ALGA WAKAME*

30 ML DE AZEITE DE DENDÊ

2 COLHERES (SOPA) DE COENTRO PICADO GROSSEIRAMENTE

2 COLHERES (SOPA) DE CEBOLINHA PICADA

* Você pode encontrar em lojas de produtos japoneses.

1 Em uma tigela, deixe a castanha de molho na água morna por 1 hora. *Isso hidrata a castanha e faz com que o leite saia com mais facilidade.*

2 No liquidificador, bata a castanha com a água por 2 minutos até obter um leite homogêneo. Coe com uma peneira fina e um pano esterilizado, espremendo bem para extrair o máximo de líquido da massa da castanha. *Guarde essa massa que sobrar para fazer bolos e biscoitos, por exemplo.*

3 Em uma panela de barro, refogue no azeite a cúrcuma, o cominho, a pimenta-do-reino, o urucum, o gengibre, o alho, a cebola e a pimenta-de-cheiro até quase dourar. Acrescente o leite de castanha e a macaxeira e deixe cozinhar por 8 minutos.

4 Retire os ingredientes da panela, coloque no liquidificador e bata até virar um creme homogêneo. Coloque esse creme de volta na panela de barro e leve ao fogo baixo. Tempere com sal.

5 Acrescente o palmito, a banana, o tomate, a cebola-branca, o pimentão, a alga e o azeite de dendê. Deixe cozinhar de 8 a 10 minutos, até o palmito e a banana estarem cozidos. Finalize com o coentro e a cebolinha e sirva.

DICA: ESTE PRATO COMBINA COM ARROZ BRANCO E COM O CUSCUZ DE FARINHA DE MANDIOCA (RECEITA NA PÁG. 32).

ESPAGUETE DE BANANA-VERDE

1H | 4 PORÇÕES

500 G DE BANANA-VERDE

3 L DE ÁGUA

30 ML DE SUCO DE LIMÃO

1 COLHER (SOPA) DE SAL

80 G DE MANTEIGA (OU AZEITE)

2 DENTES DE ALHO FATIADOS FINAMENTE

1 COLHER (CHÁ) DE MEL

1 COLHER (CHÁ) DE PIMENTA--DO-REINO MOÍDA NA HORA (NA PARTE MAIS GROSSA DO MOEDOR)

2 COLHERES (SOPA) DE CEBOLINHA PICADA

50 G DE QUEIJO PARMESÃO RALADO NA HORA (OPCIONAL)

1 Descasque as bananas. *Você pode usar um descascador de batatas.*

2 Com um mandolim, fatie as bananas finamente no sentido do comprimento e coloque de molho em uma vasilha com água para não escurecer. Em seguida, pegue as fatias e as corte em tiras finas.

3 Em uma panela, coloque a água, o suco de limão e o sal e deixe ferver. Adicione a banana fatiada aos poucos e deixe cada leva por apenas 1 minuto na água. Retire com uma escumadeira e reserve em uma vasilha.

4 Em uma frigideira de fundo grosso, junte a manteiga e o alho e deixe dourar levemente. Acrescente o mel e desligue o fogo. Junte a banana já cozida, a pimenta-do--reino, a cebolinha e uma colher da água do cozimento das bananas, para ajudar a engrossar e emulsionar o molho. Caso deseje, coloque o queijo parmesão e mexa com cuidado para não quebrar o espaguete. Sirva em seguida.

DICA: SIRVA ESTE PRATO COM PEIXES ASSADOS OU CARNES LEVES. SE QUISER UMA VERSÃO VEGANA, SUBSTITUA A MANTEIGA POR AZEITE E NÃO COLOQUE O QUEIJO.

SORVETE DE BANANA COM CACAU E PRALINÉ DE NIBS

1H30 | 10 PORÇÕES

SORVETE

300 G DE BANANA--NANICA

1 L DE CREME DE LEITE FRESCO

500 ML DE LEITE

12 GEMAS

220 G DE AÇÚCAR

½ COLHER (CHÁ) DE SAL

250 G DE CHOCOLATE 70% PICADO

100 ML DE CACHAÇA ENVELHECIDA

1 COLHER (CHÁ) DE ESTABILIZANTE

PRALINÉ DE NIBS

100 ML DE ÁGUA

SUCO DE ½ LIMÃO COADO

½ COLHER (CHÁ) DE BICARBONATO

200 G DE AÇÚCAR

100 G DE NIBS DE CACAU

ÓLEO PARA UNTAR

SORVETE

1 Descasque as bananas e bata no liquidificador até obter um purê. Reserve.

2 Em uma panela de fundo grosso, aqueça o creme de leite e o leite.

3 Enquanto isso, coloque as gemas em uma tigela com o açúcar e o sal e bata com um fouet por 3 minutos, até misturar bem.

4 Com cuidado, derrame a mistura de leite e creme de leite sobre os ovos, mexendo sempre. Coloque a mistura de novo na panela e deixe cozinhar por 2 ou 3 minutos, até atingir o ponto (ao alcançar 85 °C ou até esconder as costas de uma colher).

5 Adicione o chocolate picado, o purê de banana, a cachaça e o estabilizante, e misture bem com um fouet. Passe em uma peneira e deixe gelar por 12 horas.

6 Passado esse tempo, coloque em uma sorveteira ou faça do jeito caseiro: coloque a mistura em uma tigela de inox e leve ao freezer. A cada 1 hora, retire do freezer e bata a mistura com um fouet até quebrar os cristais de gelo. Quando a massa estiver ainda mais gelada, reduza os intervalos para 30 minutos. Repita o processo até o completo congelamento.

PRALINÉ DE NIBS

1 Em uma panela, coloque a água, o suco de limão, o bicarbonato e o açúcar. Cozinhe até caramelizar (140 °C), sem mexer

2 Retire do fogo, junte os nibs de cacau, misture bem e derrame com muito cuidado sobre uma superfície (de preferência uma mesa de granito) untada com óleo.

3 Com a ajuda de uma espátula, espalhe o praliné com muito cuidado. Deixe esfriar e corte em pedaços pequenos. Guarde em potes de vidro.

RECEITA VENCEDORA
Beto Acherboim

BOLO DE BANANA DA LANDINHA

1H | 12 PORÇÕES

7 BANANAS-NANICAS MADURAS

3 OVOS

1/2 XÍCARA (CHÁ) DE ÓLEO

1 XÍCARA (CHÁ) DE FARINHA DE ROSCA

1 XÍCARA (CHÁ) DE FARINHA PANKO

1 XÍCARA (CHÁ) DE AÇÚCAR BRANCO REFINADO + O QUANTO BASTE PARA POLVILHAR

1 XÍCARA (CHÁ) DE AÇÚCAR MASCAVO

1/2 COLHER (SOPA) DE FERMENTO

UM PUNHADO DE NIBS DE CACAU

CANELA O QUANTO BASTE PARA POLVILHAR

1 Preaqueça o forno.

2 No liquidificador, bata as bananas, os ovos e o óleo. Reserve em uma tigela.

3 Acrescente as farinhas, os açúcares e o fermento, e mexa bem até misturar por completo.

4 Coloque os nibs de cacau e mexa mais um pouco.

5 Despeje em fôrma untada, polvilhe canela e açúcar branco sobre a massa.

6 Leve o bolo ao forno a 180°C por aproximadamente 30 minutos.

RECEITA VENCEDORA
Fernando Acherboim

NHOQUE DE BANANA

1H30 | 6 PORÇÕES

NHOQUE

4 BANANAS-NANICAS MADURAS

1 XÍCARA (CHÁ) DE AMIDO DE MILHO

½ XÍCARA (CHÁ) DE ÁGUA

SAL O QUANTO BASTE

PIMENTA-DO-REINO O QUANTO BASTE

1 XÍCARA (CHÁ) DE QUEIJO CANASTRA RALADO FINAMENTE

FARINHA DE TRIGO PARA NÃO GRUDAR

MOLHO

5 COLHERES (SOPA) DE AZEITE

1 COLHER (SOPA) DE MANTEIGA

1 ECHALOTA (OU CEBOLA) PEQUENA PICADA

1 PEDAÇO (5 CM) DE ALHO-PORÓ PICADO

4 FOLHAS DE SÁLVIA PICADAS

UMA PITADA DE PIMENTA-CALABRESA

5 COLHERES (SOPA) DE CREME DE LEITE

PARA FINALIZAR

1 COLHER (CHÁ) DE PISTACHE PICADO

1 COLHER (SOPA) DE QUEIJO MINAS RALADO

1 COLHER (CHÁ) DE SALSINHA PICADA

NHOQUE

1 Preaqueça o forno.

2 Em uma assadeira, leve as bananas com a casca ao forno a 180 °C por 15 minutos. Retire do forno e espere esfriar.

3 Corte as bananas já frias ao meio, retire a polpa e bata com um mixer até formar um creme liso. Reserve em uma panela.

4 Em uma tigela, misture o amido com a água até dissolver.

5 Junte o amido dissolvido ao creme de banana e misture bem. Cozinhe por 5 minutos, ou até soltar do fundo da panela, mexendo sempre.

6 Ainda com a mistura no fogo, tempere com sal e pimenta. Junte o queijo e misture até incorporar bem.

7 Retire do fogo, transfira a massa pronta para uma tigela e deixe esfriar.

8 Enfarinhe uma superfície lisa e as mãos para não grudar a massa. Com as mãos, pegue uma porção da massa, faça um rolinho de cerca de 1 cm de diâmetro. Corte na diagonal a cada 2 cm para formar os nhoques. Repita o passo com toda a massa e reserve em uma tigela untada de azeite.

MOLHO

1 Em uma frigideira, aqueça o azeite e a manteiga.

2 Acrescente a echalota e o alho-poró. Refogue por cerca de 3 minutos, ou até ficarem translúcidos.

3 Adicione a sálvia e refogue por mais 1 minuto.

4 Coloque os nhoques e envolva bem no molho. Deixe cozinhar por cerca de 3 minutos, até aquecer por completo (pois já estão cozidos).

5 Acrescente a pimenta e o creme de leite, mexa bem e cozinhe por 1 minuto. Reserve.

MONTAGEM

1 Em um prato, coloque 9 nhoques e o molho por cima.

2 Salpique o pistache, o queijo e a salsinha para finalizar.

mandioca

TACOS COM FARINHA DE MANDIOCA

4H | 6 PORÇÕES

TORTILHAS

300 G DE FARINHA DE MANDIOCA FINA

UMA PITADA DE SAL

300 ML DE ÁGUA FRIA

RECHEIO

1 PÉ DE PORCO SALGADO

400 G DE LINGUIÇA TOSCANA

400 G DE BARRIGA DE PORCO

100 ML DE VINHO BRANCO

150 G DE CEBOLA-BRANCA CORTADA EM CUBOS GRANDES

2 DENTES DE ALHO INTEIROS

2 FOLHAS DE LOURO

ÁGUA O QUANTO BASTE

AZEITE EXTRA VIRGEM

SAL O QUANTO BASTE

UMA PITADA DE PIMENTA-DO-REINO MOÍDA

MONTAGEM

100 G DE CEBOLA ROXA PICADA

30 G DE COENTRO PICADO

4 LIMÕES-TAITI

TORTILHAS

1 Bata a farinha de mandioca no liquidificador por 1 minuto para deixá-la ainda mais fina.

2 Em uma tigela, coloque a farinha, o sal e a água e misture bem com as mãos, sovando por 1 minuto. Tampe a tigela e deixe descansar por 10 minutos.

3 Divida a massa em bolinhas do tamanho de uma bolinha de pingue-pongue.

4 Corte um saco plástico para formar duas folhas.

5 Coloque uma bolinha entre as duas folhas de plástico e abra-a com a ajuda de um rolo, até ficar bem fina. Retire os plásticos e corte a massa com a ajuda de um aro de 8 cm. Retire as beiradas irregulares e guarde para usar depois.

6 Repita esse passo com o restante da massa, com o cuidado de não empilhar diretamente as massas já abertas. Para isso, coloque uma folha de plástico entre elas.

7 Esquente uma chapa ou frigideira de ferro e disponha as massas já abertas. Doure cada lado por 20 segundos, o suficiente para ganhar um pouco de cor e não perder a elasticidade. Reserve. *Caso vá guardar, coloque em uma assadeira forrada com um pano para não grudar.*

RECHEIO

1 Em uma panela grande, coloque o pé de porco, a linguiça, a barriga de porco, o vinho, a cebola-branca, o alho e o louro. Coloque água suficiente até quase cobrir tudo.

2 Cozinhe tudo respeitando o ponto de cozimento de cada ingrediente. Para isso, retire cada um à medida que forem ficando prontos: a linguiça depois de 1 hora de cozimento; a barriga de porco depois de 2 horas; e o pé de porco depois de 3 horas.

3 Deixe tudo esfriar por 30 minutos. Retire os ossos do pé de porco. Pique todas as carnes grosseiramente.

4 Em uma frigideira quente, junte o azeite e refogue as carnes por 2 minutos. Ajuste o sal e coloque uma pitada de pimenta-do-reino.

MONTAGEM

Em cada tortilla, coloque uma colher cheia das carnes picadas, um pouco de cebola roxa crua e coentro, ambos picados. Sirva com limão cortado à francesa.

BOLO SALGADO DE MACAXEIRA COM QUEIJO CANASTRA

4H | 8 PORÇÕES

800 G DE MACAXEIRA DESCASCADA

300 G DE QUEIJO CANASTRA CURADO

500 ML DE LEITE

50 G DE MANTEIGA + O QUANTO BASTE PARA UNTAR

2 OVOS

10 G DE SAL

UMA PITADA DE NOZ-MOSCADA

40 G DE FARINHA DE TRIGO PARA UNTAR

1 Corte a macaxeira e o queijo em cubos.

2 Em um liquidificador, junte a macaxeira, o queijo, o leite, 50 g da manteiga, os ovos, o sal e a noz-moscada e bata até obter uma massa homogênea.

3 Unte uma assadeira com manteiga e polvilhe a farinha de trigo.

4 Derrame a massa na assadeira, até que fique com uma altura 2 cm.

5 Asse no forno preaquecido a 180 °C de 30 a 40 minutos.

6 Retire do forno e deixe descansar por 1 hora. Retire da assadeira, corte em cubos e sirva.

CORDEIRO ASSADO COM CUSCUZ DE FARINHA DE MANDIOCA

12H PARA MARINAR + 5H | 10 PORÇÕES

CORDEIRO

1 PALETA DE CORDEIRO (APROXIMADAMENTE 1,2 KG)

20 G DE SAL

O QUANTO BASTE DE PIMENTA-DO-REINO MOÍDA

50 G DE AÇÚCAR MASCAVO

1 COLHER (SOPA) DE SEMENTES DE ERVA-DOCE

2 DENTES DE ALHO PICADOS

200 G DE CEBOLA CORTADA EM CUBOS GRANDES

200 G DE CENOURA CORTADA EM CUBOS GRANDES

300 ML DE VINHO BRANCO

4 RAMOS DE TOMILHO FRESCO

200 G MANTEIGA SEM SAL

500 ML DE CALDO CASEIRO DE CARNE (OU DE LEGUMES)

3 COLHERES (SOPA) DE GOMA DE TAPIOCA

100 ML DE ÁGUA PARA DILUIR

CUSCUZ

100 G DE CEBOLA PICADA

50 ML DE AZEITE

20 G DE MANTEIGA

400 G DE FARINHA DE MANDIOCA

150 ML DE ÁGUA

SUCO DE 2 LIMÕES

1 XÍCARA (CHÁ) DE UVA-PASSA BRANCA

100 ML DE SUCO DE LARANJA

2 COLHERES (SOPA) DE SALSINHA PICADA

1 XÍCARA (CHÁ) DE FOLHA DE HORTELÃ PICADA

100 G DE CASTANHA-DO-PARÁ

SAL O QUANTO BASTE

PIMENTA-DO-REINO MOÍDA O QUANTO BASTE

CORDEIRO

1 Tempere o cordeiro com o sal, a pimenta--do-reino, o açúcar mascavo, a erva-doce e o alho. Deixe marinando nesse tempero por, no mínimo, 12 horas.

2 Em uma assadeira, disponha a paleta temperada, coloque a cebola, a cenoura, o vinho branco, o tomilho, a manteiga e o caldo. Tampe com papel-alumínio e leve ao forno a 180 °C por 4 horas. A cada hora retire o papel-alumínio e, com uma colher, hidrate a paleta jogando o líquido do cozimento sobre ela com uma colher.

3 Passado esse tempo, retire o papel--alumínio, aumente o forno para 230 °C e deixe assar por mais 30 ou 40 minutos, até dourar.

4 Retire do forno, coloque o molho em uma panela e leve ao fogo.

5 Enquanto isso dilua, a goma de tapioca na água e derrame na panela com o molho, mexendo sempre com um fouet. Cozinhe por 4 minutos, até o molho espessar.

CUSCUZ

1 Em uma frigideira, junte a cebola, o azeite e a manteiga e refogue por 5 minutos, até a cebola murchar e cozinhar. Não deixe fritar a ponto de dourar. Retire do fogo e deixe esfriar.

2 Em uma tigela, hidrate a farinha de mandioca com a água e o suco de limão. Deixe descansar por 15 minutos e, depois, mexa com um garfo para soltar.

3 Em outra tigela, coloque as passas e o suco de laranja e deixe hidratar por 15 minutos.

4 Misture a farinha hidratada com a cebola refogada, as passas hidratadas, a salsinha, a hortelã e a castanha-do-pará. Misture bem, ajuste o tempero com sal e pimenta-do-reino. Sirva com a paleta assada.

RECEITA VENCEDORA
Brunno Zacchi

BOLINHO DE MANDIOCA

1H | 5 PORÇÕES

- 500 G DE MANDIOCA
- 1 L DE ÁGUA
- 60 G DE MANTEIGA
- 2 OVOS
- 30 G DE FARINHA DE TRIGO
- 300 G DE QUEIJO CANASTRA RALADO
- 1/2 MAÇO DE SALSINHA PICADA
- 1/2 MAÇO DE CEBOLINHA PICADA
- SAL O QUANTO BASTE
- PIMENTA-DO-REINO O QUANTO BASTE
- 500 ML DE ÓLEO

1 Em uma panela de pressão, cozinhe a mandioca na água por 20 minutos. É importante que a mandioca ainda esteja firme.

2 Retire do fogo, escorra a água e amasse a mandioca.

3 Em um refratário, misture a mandioca amassada, a manteiga, os ovos, a farinha de trigo e o queijo canastra.

4 Tempere com salsinha, cebolinha, sal e pimenta-do-reino a gosto. Incorpore tudo até obter uma massa homogênea.

5 Com as mãos, faça bolinhos.

6 Em uma panela, aqueça o óleo e frite os bolinhos por imersão.

7 Retire do óleo, descanse em papel-toalha para absorver o excesso de óleo e sirva quente.

RECEITA VENCEDORA
Brunno Zacchi

CAIPIRINHA DE CAJU COM MELAÇO

20MIN | 3 PORÇÕES

1 CAJU

1 COLHER (CHÁ) DE MELAÇO

GELO O QUANTO BASTE

400 ML DE CACHAÇA

1 Corte o caju em cubos, coloque em um copo e adicione o melaço.

2 Com um socador, esprema o caju com o melaço até extrair o suco.

3 Acrescente o gelo e a cachaça, e chacoalhe em uma coqueteleira. Sirva gelado.

carne moída

BEIJU DE BETERRABA COM STEAK TARTARE

24H + 40MIN | 6 PORÇÕES

BEIJU DE BETERRABA

150 G DE BETERRABA

1 L DE ÁGUA

500 G DE GOMA PARA TAPIOCA (SECA OU HIDRATADA)

SAL O QUANTO BASTE

80 G DE MANTEIGA DERRETIDA

STEAK TARTARE

400 G DE FILÉ-MIGNON LIMPO

2 COLHERES (SOPA) DE MAIONESE DE LEITE (VER P. 80)

2 COLHERES (SOPA) DE KETCHUP

2 COLHERES (SOPA) DE MOSTARDA DE DIJON

2 COLHERES (SOPA) DE CEBOLA ROXA PICADA

2 GEMAS

2 COLHERES (SOPA) DE MOLHO INGLÊS

2 COLHERES (SOPA) DE PICLES DE PEPINO

1 COLHER (SOPA) DE ALCAPARRA

1/2 LIMÃO-SICILIANO

1 COLHER (SOPA) DE SALSINHA PICADA

1 COLHER (SOPA) DE CEBOLINHA PICADA

PIMENTA-DO-REINO MOÍDA O QUANTO BASTE

SAL O QUANTO BASTE

BEIJU DE BETERRABA

1 Em um liquidificador, bata a beterraba com água para fazer um suco. Coe e reserve.

2 Coloque a goma numa vasilha e cubra com o suco da beterraba salgado a gosto. Deixe descansar na geladeira por 24 horas. A tapioca se depositará no fundo. Retire a água completamente. Com um pano limpo, seque a superfície da goma.

3 Passe a goma colorida em uma peneira e espalhe 3 colheres em uma frigideira antiaderente para formar o beiju. Deixe 1 minuto de cada lado e retire do fogo. Continue até o restante da goma acabar.

4 Pincele um pouco de manteiga nos beijus, corte cada círculo em 8, como se fosse fatias de pizza, e coloque em uma assadeira. Leve ao forno a 180 °C por 10 minutos, até ficarem crocantes.

STEAK TARTARE

1 Pique bem o filé usando a ponta de uma faca afiada, coloque numa vasilha e mantenha na geladeira enquanto prepara o restante dos ingredientes.

2 Em uma vasilha gelada, coloque o filé e todos os demais ingredientes e misture bem com a ajuda de uma colher por 1 minuto. Tempere com pimenta-do-reino e ajuste o sal, se necessário.

MONTAGEM

Em cada fatia de beiju, coloque uma colher de steak tartare e sirva.

BÚRGUER DE CORDEIRO COM MOLHO DE TAHINE, COALHADA E HORTELÃ

1H | 4 PESSOAS

HAMBÚRGUER DE CORDEIRO

800 G DE PESCOÇO DE CORDEIRO DESOSSADO (OU PALETA DE CORDEIRO DESOSSADA)

50 G DE SAL

1/2 COLHER (CHÁ) DE PIMENTA-DO-REINO MOÍDA

10 G DE AÇÚCAR MASCAVO

UMA PITADA DE COMINHO

30 ML DE AZEITE (PARA SELAR)

50 G DE MANTEIGA

MOLHO DE TAHINE

30 G DE TAHINE

200 G DE COALHADA SECA

20 ML DE AZEITE

1/2 COLHER (CHÁ) DE ZAATAR

SUCO DE 1/2 LIMÃO

2 COLHERES (SOPA) DE SALSINHA PICADA

1 COLHER (SOPA) DE MEL

SAL O QUANTO BASTE

PIMENTA-DO-REINO MOÍDA O QUANTO BASTE

MONTAGEM

4 BRIOCHES DE HAMBÚRGUER (80 G CADA)

80 G DE MANTEIGA SEM SAL

1 XÍCARA (CHÁ) DE FOLHA DE HORTELÃ

HAMBÚRGUER DE CORDEIRO

1 Corte a carne de cordeiro em cubos médios e leve à geladeira por, pelo menos, 1 hora antes de moer. Use um moedor de carne. Com as mãos, sove a carne por 5 minutos. *Este passo ajuda a gordura e a carne a se unirem.*

2 Pese bolas de 180 g e molde os hambúrgueres. Você pode usar um aro para ajudar. *O segredo é deixar com uma altura de um medalhão, para que, quando for passar na chapa, o interior fique ao ponto.*

3 Em um recipiente, misture o sal, a pimenta-do-reino, o açúcar e o cominho. Tempere os hambúrgueres com essa mistura.

4 Enquanto isso, aqueça uma chapa de fundo grosso e coloque o azeite. Sele os hambúrgueres com cuidado, por 4 minutos no primeiro lado. Vire o hambúrguer do outro lado, junte 1 colher (chá) de manteiga e deixe mais 3 minutos para selar desse outro lado. Passado esse tempo, retire os hambúrgueres da chapa e deixe descansar em um prato por 2 a 4 minutos antes de montar. *Isso ajuda a não sangrar tanto e, consequentemente, não encharcar o pão na hora de comer.*

MOLHO DE TAHINE

1 Misture todos os ingredientes, mexendo bem com a ajuda de uma colher para incorporar.

2 Tempere a gosto com sal e pimenta-do-reino.

MONTAGEM

1 Corte os brioches na metade e passe manteiga na parte interna. Em uma frigideira, doure a parte interna. *Isso ajuda a selar o pão, assim ele não desmanchará na hora que os sucos do hambúrguer começarem a sair.*

2 Coloque um hambúrguer em cada metade de pão selado. Por cima da carne, coloque uma boa colherada de molho de tahine e uma porção generosa de hortelã. Regue com azeite e tampe com a outra metade de pão.

LINGUIÇA DE PATO COM SALADA DE PIMENTÃO ASSADO

6H + 30MIN | 6 PORÇÕES

LINGUIÇA DE PATO

1,5 KG DE CARNE DE PATO (PODE SER PEITO COM GORDURA)

300 G DE TOUCINHO BRANCO

1 TRIPA DE PORCO SALGADA PARA LINGUIÇA

40 G DE SAL

30 G DE AÇÚCAR MASCAVO

2 COLHERES (SOPA) DE ERVA-DOCE PICADA GROSSEIRAMENTE

1 COLHER (SOPA) DE PIMENTA-DO-REINO MOÍDA GROSSEIRAMENTE

100 ML DE CONHAQUE GELADO

UTENSÍLIOS NECESSÁRIOS:

MOEDOR COM BOCAL 10 (ESPESSURA IDEAL PARA NÃO FICAR MUITO MOÍDO)

ENCHEDOR DE LINGUIÇA ESTERILIZADO E COM BICO

FUNIL PARA ENCHER LINGUIÇA

SALADA DE PIMENTÃO ASSADO

2 PIMENTÕES VERMELHOS

2 PIMENTÕES AMARELOS

1/2 XÍCARA (CHÁ) DE HORTELÃ PICADA GROSSEIRAMENTE

2 COLHERES (SOPA) DE VINAGRE DE VINHO TINTO

30 ML DE AZEITE

SAL O QUANTO BASTE

PIMENTA-DO-REINO MOÍDA O QUANTO BASTE

LINGUIÇA DE PATO

1 Corte a carne de pato e a gordura em cubos pequenos. Coloque em uma vasilha tampada e leve ao freezer por 1 hora.

2 Enquanto isso, lave a tripa em água corrente e coloque-a de molho em uma vasilha com água e gelo para hidratar.

3 Retire o pato do freezer e moa com cuidado no moedor, usando o bocal 10. Coloque a carne moída numa vasilha.

4 Junte ao pato o restante dos ingredientes, exceto a tripa. Sove com as mãos até todo o tempero impregnar na carne e a gordura estar bem incorporada.

5 Coloque essa carne moída no enchedor de linguiça já montado com o bico. Coloque a tripa no funil, amarre a ponta de baixo da tripa e vá enchendo com muito cuidado para não estourar ou furar a tripa. Após encher a tripa, mas ainda deixando uma folga para poder fazer os gomos, amarre a outra ponta da tripa já cheia.

6 Para fazer os gomos, você pode torcer um palmo da tripa cheia, dando umas quatro enroladas. Para fazer o outro, faça o mesmo no sentido inverso e siga até o final da tripa, invertendo o sentido da enrolada a cada gomo.

7 Deixe a linguiça descansar pendurada por 6 horas antes de prepará-la. Caso não vá usar a linguiça na sequência, coloque-a dentro de uma vasilha tampada na geladeira por, no máximo, 2 dias.

SALADA DE PIMENTÃO ASSADO

1 Coloque os pimentões diretamente sobre a chama do fogão até sua pele ficar preta, com a aparência de queimada. *Não tenha medo de queimar a casca, isso dá um sabor defumado aos pimentões.*

2 Coloque os pimentões ainda quentes em uma vasilha e tampe para suar. *Isso ajuda a tirar a pele depois.*

3 Tire a pele dos pimentões, retire as sementes e corte em fatias finas.

4 Coloque as fatias em uma vasilha e junte o restante dos ingredientes. Tempere com sal e pimenta-do-reino.

RECEITA VENCEDORA
Beto Acherboim

POLPETONE COM MACARRÃO DE ABOBRINHA

1H | 3 PORÇÕES

POLPETONE

600 G DE PICANHA MOÍDA*

1 OVO

$^1/_4$ DE CEBOLA PICADA

SAL O QUANTO BASTE

PIMENTA-DO-REINO O QUANTO BASTE

UMA PITADA DE ORÉGANO

$^1/_4$ DE XÍCARA (CHÁ) DE FARINHA DE ROSCA

AZEITE O QUANTO BASTE PARA SELAR

RECHEIO DO POLPETONE

50 G DE GORGONZOLA DESPEDAÇADO

50 G DE QUEIJO COALHO RALADO

MOLHO

1 $^1/_2$ CEBOLA PICADA

3 DENTES DE ALHO PICADOS

AZEITE O QUANTO BASTE PARA REFOGAR

1 LATA (400 G) DE TOMATE PELADO

1 VIDRO (700 G) DE PASSATA DE TOMATE

SAL O QUANTO BASTE

ORÉGANO O QUANTO BASTE

PIMENTA-DO-REINO O QUANTO BASTE

MACARRÃO DE ABOBRINHA

UM FIO DE AZEITE

1 ABOBRINHA GRANDE FATIADA FINAMENTE (COMO UM MACARRÃO)

SAL O QUANTO BASTE

UMA PITADA DE SÁLVIA

FINALIZAÇÃO

QUEIJO COALHO RALADO O QUANTO BASTE

QUEIJO GRANA PADANO OU PARMESÃO RALADO O QUANTO BASTE

PIMENTA-DO-REINO O QUANTO BASTE

SALSINHA PICADA O QUANTO BASTE PARA ENFEITAR

MANJERICÃO PICADO O QUANTO BASTE PARA ENFEITAR

GALHOS DE ALECRIM O QUANTO BASTE PARA ENFEITAR

* Você também pode moer a carne em casa. Dessa maneira, moa quantas vezes preferir. Eu gosto de moer apenas uma vez.

POLPETONE

1 Junte a carne moída com o ovo e a cebola. Misture para incorporar.

2 Ajuste o tempero com sal, pimenta-do--reino e orégano.

3 Divida a carne e forme duas bolas. Achate uma delas.

4 Misture os queijos do recheio e disponha no centro da bola de carne achatada.

5 Achate a outra bola de carne, feche o polpetone com ela e empane o polpetone por completo com a farinha de rosca.

6 Em uma frigideira, aqueça o azeite e sele o polpetone. Reserve.

MOLHO

1 Em uma panela, refogue a cebola e o alho no azeite.

2 Junte o tomate pelado e a passata ao refogado.

3 Tempere com sal, orégano e pimenta--do-reino e deixe apurar. *Se for necessário, depois que o molho estiver apurado, ajuste novamente o sal. Reserve.*

MACARRÃO DE ABOBRINHA

1 Em uma frigideira, aqueça um fio de azeite e salteie rapidamente o macarrão de abobrinha.

2 Ajuste o tempero com sal e pimenta-do--reino.

3 Adicione a sálvia e refogue por mais 1 minuto.

FINALIZAÇÃO

1 Forre uma travessa com bastante molho.

2 Acomode o polpetone na travessa sobre o molho.

3 Polvilhe o queijo coalho e o grana padano sobre o polpetone, e leve ao forno por cerca de 15 minutos, ou até gratinar.

4 Retire o polpetone do forno e divida em três porções.

5 Sirva o polpetone num prato com o macarrão de abobrinha, salpicado de salsinha e manjericão. Espete um galho de alecrim para enfeitar.

RECEITA VENCEDORA
Fernando Acherboim

PASTEL FOLHADO DE CARNE

1H | 12 PASTÉIS

- MANTEIGA O QUANTO BASTE
- AZEITE O QUANTO BASTE
- 1 CEBOLA PICADA
- 1/2 PIMENTA DEDO-DE-MOÇA SEM SEMENTES
- 1 DENTE DE ALHO
- 3 COLHERES (SOPA) DE AZEITONA PRETA PICADA
- 400 G DE ACÉM MOÍDO
- UMA PITADA DE COMINHO
- UMA PITADA DE PIMENTA-BRANCA MOÍDA
- UMA PITADA DE PÁPRICA DOCE
- SAL O QUANTO BASTE
- PIMENTA-DO-REINO O QUANTO BASTE
- 3 COLHERES (SOPA) DE HORTELÃ PICADA
- 1 PACOTE DE MASSA FOLHADA PRONTA LAMINADA (300 G)
- 1 OVO BATIDO PARA PINCELAR A MASSA

1 Preaqueça o forno.

2 Em uma frigideira, aqueça a manteiga e o azeite, e refogue a cebola e a pimenta.

3 Quando a cebola estiver transparente, adicione o alho e a azeitona. Refogue por mais 3 minutos.

4 Acrescente a carne ao refogado e cozinhe até chegar ao ponto desejado.

5 Junte o cominho, a pimenta-branca e a páprica. Mexa e acrescente sal e pimenta-do-reino a gosto.

6 Retire do fogo e misture a hortelã. Reserve.

7 Com um aro de cerca de 7 cm de diâmetro, corte discos de massa folhada.

8 Coloque o recheio no meio nos discos, pincele ovo nas bordas, dobre o disco de massa ao meio e pressione as bordas com a ajuda de um garfo para fechar bem. Pincele ovo em cima do pastel e disponha em uma assadeira.

9 Asse no forno a 200 °C por 20 minutos. Vire a assadeira na metade do tempo para todos assarem por igual.

pomar

CHUTNEY DE TOMATE

3H | 500 G

1 KG DE TOMATE SEM PELE E SEM SEMENTES

1 COLHER (SOPA) DE GENGIBRE RALADO FRESCO

1/2 PIMENTÃO VERMELHO

250 ML DE VINAGRE DE MAÇÃ

5 G DE SAL

1/2 COLHER (CHÁ) DE PÁPRICA PICANTE

1/2 CEBOLA PICADA

1 COLHER (SOPA) DE COENTRO PICADO

200 G DE AÇÚCAR DEMERARA

1/2 COLHER (SOPA) DE PIMENTA ROSA

UMA PITADA DE PIMENTA-DO--REINO MOÍDA

1 PEDAÇO DE CANELA EM PAU

2 CABEÇAS DE CRAVO

1 Em um liquidificador, bata a metade de tomate com o gengibre, o pimentão, o vinagre e o sal até obter um purê liso.

2 Em uma panela, junte esse purê com o restante dos ingredientes e leve ao fogo baixo. Cozinhe de 30 a 40 minutos.

3 Depois, deixe esfriar e coloque o chutney em potes de vidro com tampa. Guarde na geladeira. Dura até 15 dias na geladeira.

SOPA FRIA DE CENOURA COM MANGA E SORVETE DE LEITE DE COCO E CARDAMOMO

1H + 14H | 10 PORÇÕES

SOPA FRIA

2 CENOURAS MÉDIAS DESCASCADAS E CORTADAS EM RODELAS GROSSAS

1 L DE ÁGUA

250 G DE AÇÚCAR

1 MANGA PALMER MÉDIA DESCASCADA E SEM CAROÇO

200 ML DE SUCO DE LARANJA

100 G DE POLPA DE MARACUJÁ

SORVETE

10 SEMENTES DE CARDAMOMO

900 ML DE CREME DE LEITE FRESCO

400 ML DE LEITE DE COCO

300 ML DE LEITE

12 GEMAS

220 G DE AÇÚCAR

1/2 COLHER (CHÁ) DE SAL

1 COLHER (CHÁ) DE ESTABILIZANTE

SOPA FRIA

1 Em uma panela, coloque a cenoura, a água e o açúcar. Deixe cozinhar por 20 minutos até que a cenoura esteja bem mole. Retire do fogo e deixe esfriar por 10 minutos.

2 Em um liquidificador, coloque a cenoura cozida, 400 ml da água do cozimento e o restante dos ingredientes. Bata por 4 minutos, até obter um purê bem liso.

3 Coloque o purê em uma vasilha com tampa e leve à geladeira por, pelo menos, 4 horas.

SORVETE

1 Abra as sementes de cardamomo e retire somente a parte interna (as sementinhas), descartando a pele externa.

2 Em uma panela de fundo grosso, coloque o creme de leite, o leite de coco e o leite para aquecer com as sementes de cardamomo.

3 Enquanto isso, coloque em uma tigela as gemas com o açúcar e o sal, e bata com um fouet por 3 minutos, até misturar bem.

4 Com muito cuidado, derrame a mistura de leite e creme sobre os ovos, mexendo sempre com o fouet.

5 Coloque a mistura novamente na panela e deixe cozinhar por 2 ou 3 minutos até atingir o ponto (ao alcançar 85 °C ou até esconder as costas de uma colher).

6 Retire do fogo, bata num liquidificador ou mixer de mão, adicione o estabilizante e bata mais um pouco. Passe por uma peneira e deixe gelar por 12 horas.

7 Passado esse tempo, coloque numa sorveteira ou faça do jeito caseiro: coloque a mistura em uma tigela de inox e leve ao freezer. A cada 1 hora, retire do freezer e bata a mistura com um fouet até quebrar os cristais de gelo. Quando a massa estiver ainda mais gelada, reduza os intervalos para 30 minutos. Repita o processo até o completo congelamento.

PÃO DE AÇAÍ NO VAPOR

3H | 20 PÃES

90 G DE MANTEIGA

70 G DE AÇÚCAR

15 G DE FERMENTO BIOLÓGICO

200 ML DE LEITE

230 G DE AÇAÍ

720 G DE FARINHA DE TRIGO

10 G DE SAL

4 G DE FERMENTO QUÍMICO

4 G DE BICARBONATO DE SÓDIO

30 G DE ÓLEO DE GERGELIM

FOLHAS DE BANANEIRA CORTADAS EM QUADRADOS DE 6 × 6 CM (OU PAPEL-MANTEIGA)

1 Em uma tigela, junte a manteiga, o açúcar, o fermento biológico e o leite, e misture com um fouet.

2 Tampe com filme plástico e deixe descansar por 20 minutos.

3 Junte o restante dos ingredientes, exceto o óleo de gergelim e as folhas de bananeira, e misture com as mãos até formar uma massa de pão homogênea.

4 Transfira a massa para uma superfície lisa e limpa e sove com as mãos de 10 a 15 minutos ou até ficar em ponto de véu. Se a massa estiver grudando na mesa, espalhe um fio de óleo de gergelim na superfície. Ou use uma batedeira com o gancho de pão e bata por 10 minutos até chegar no ponto.

5 Coloque a massa em uma tigela untada com óleo de gergelim e tampe com filme plástico. Deixe descansar fora da geladeira por 50 minutos ou até dobrar de volume.

6 Enquanto a massa cresce, leve ao fogo uma panela própria para cozimento a vapor.

7 Unte as mãos com óleo de gergelim, forme bolinhas de 40 g e coloque cada bolinha em cima de um pedaço de folha de bananeira ou papel-manteiga.

8 Acomode os pães com a folha na panela para cozimento a vapor e deixe de 16 a 18 minutos. Retire do fogo, deixe descansar por 10 minutos e sirva.

RECEITA VENCEDORA
Nathalie Vilas Boas

CEVICHE DE MANGA E CAMARÃO

30 MIN | 2 PORÇÕES

- 10 CAMARÕES-ROSA MÉDIOS LIMPOS
- SAL O QUANTO BASTE
- PIMENTA-DO-REINO O QUANTO BASTE
- SUCO DE 1 LIMÃO-SICILIANO
- 1/2 MANGA CORTADA EM CUBOS
- 1/2 PIMENTA DEDO-DE-MOÇA PICADA
- 1 CEBOLA ROXA CORTADA EM MEIAS-LUAS FINAS
- RASPAS DE 1/2 LIMÃO-SICILIANO
- RASPAS DE 1/2 LIMÃO-TAITI
- 15 ML DE AZEITE
- 1 DENTE DE ALHO
- COENTRO PICADO O QUANTO BASTE

1 Tempere o camarão com sal, pimenta-do-reino e metade do suco de limão. Reserve.

2 Em uma tigela, junte a manga e a cebola, e tempere com as raspas de limão, o restante do suco de limão, sal, pimenta-do-reino e um fio de azeite. Reserve.

3 Puxe os camarões no restante do azeite com alho.

4 Corte os camarões do mesmo tamanho dos cubos de mangas.

5 Junte os camarões à manga, adicione o coentro e misture tudo para incorporar os temperos.

6 Leve à geladeira por alguns minutos antes de servir.

RECEITA VENCEDORA
Sergio Vilas Boas

CRUMBLE DE MANGA

20 MIN | 4 PORÇÕES

1 MANGA PALMER

SUCO DE 1 LIMÃO-SICILIANO

MEL O QUANTO BASTE

100 G DE FARINHA DE TRIGO

100 G DE FARINHA DE AMÊNDOA

100 G DE MANTEIGA GELADA SEM SAL

1 RAMO DE ALECRIM

1 Preaqueça o forno.

2 Descasque e pique a manga em pedaços pequenos, e coloque em uma tigela.

3 Junte o suco de limão e o mel à manga e deixe marinar por cerca de 5 minutos.

4 Em uma tigela, misture as farinhas e a manteiga.

5 Cubra a manga marinada com a mistura das farinhas e leve ao forno a 220 °C até dourar, por cerca de 20 minutos.

6 Retire do forno e enfeite com algumas folhas de alecrim.

café

NEGRONI COM LARANJA TOSTADA E GELO DE CAFÉ

30MIN | 1 DRINQUE

2 LARANJAS-BAÍA

50 G DE AÇÚCAR DE CONFEITEIRO

300 ML DE CAFÉ COLDBREW (OU CAFÉ FEITO A FRIO)

30 ML DE VERMUTE TINTO

30 ML DE BITTER (TIPO CAMPARI)

30 ML DE GIN

15 PEDRAS DE GELO

DICA: É POSSÍVEL COMPRAR O COLDBREW PRONTO. PARA FAZER O CAFÉ A FRIO EM CASA, MISTURE TRÊS COLHERES (SOPA) DE PÓ DE CAFÉ EM ½ LITRO DE ÁGUA E DEIXE NA GELADEIRA DE UM DIA PARA O OUTRO, OU PELO MENOS POR 3 HORAS. COE COM FILTRO DE PAPEL OU DE TECIDO

1 Corte uma laranja em fatias finas e coloque em uma assadeira forrada com papel-manteiga. Salpique a laranja com açúcar e leve ao forno preaquecido a 200 °C de 10 a 15 minutos, até dourar. Retire do forno e reserve.

2 Da outra laranja, tire lasquinhas da casca (zest) e reserve.

3 Coloque o café em fôrmas de gelo de cubo grande e congele.

4 Gele um copo do modelo old fashioned.

5 Em um mixing glass (ou uma jarrinha de vidro), coloque o vermute, o bitter e o gin. Adicione as pedras de gelo (feito de água) e, com uma colher bailarina, mexa vigorosamente de 12 a 15 segundos.

6 Coloque algumas pedras de gelo de café no copo old fashioned gelado e derrame a bebida resfriada e coada do mixing glass sobre o gelo. Espalhe a casca de laranja pelo copo para perfumar (aperte um pouco para liberar os óleos essenciais) e coloque uma fatia de laranja tostada dentro dele. Sirva.

PUDIM DE CAPPUCCINO COM CALDA DE LARANJA E CARAMELO

50MIN + 4H DE GELADEIRA | 12 PORÇÕES

CARAMELO

150 ML DE ÁGUA

400 G DE AÇÚCAR

SUCO DE 1/2 LIMÃO COADO

PUDIM DE CAPPUCCINO

1 L DE LEITE

260 G DE AÇÚCAR

8 OVOS

UMA PITADA DE SAL

40 G DE CAFÉ SOLÚVEL EM PÓ

250 G DE CACAU EM PÓ

1/2 COLHER (CHÁ) DE CANELA EM PÓ

CALDA DE LARANJA

200 G DE ABOBRINHA

400 ML DE SUCO DE LARANJA

100 G DE AÇÚCAR

1/2 COLHER (CHÁ) DE ALECRIM FRESCO

SUCO DE 1 LIMÃO-SICILIANO

80 G DE MEL

MONTAGEM

GOMOS DE 3 LARANJAS-BAÍA CORTADOS A SUPRÈME NA HORA

2 COLHERES (CHÁ) DE FOLHAS DE HORTELÃ FATIADAS FINAS

CARAMELO

1 Em uma panela, coloque a água, o açúcar e o suco de limão. Leve ao fogo e deixe cozinhar até caramelizar (140 °C).

2 Ainda quente, coloque com muito cuidado nas fôrmas de pudim (pode ser uma grande de bolo inglês ou 12 de pudim individual).

3 Deixe esfriar antes de colocar a massa.

PUDIM DE CAPPUCCINO

1 Em uma vasilha, misture todos os ingredientes com um fouet, sem bater muito para não aerar.

2 Derrame essa mistura nas fôrmas caramelizadas. Tampe o pudim com papel-alumínio e coloque em uma assadeira com um dedo de água.

3 Asse em banho-maria em forno a 160 °C de 30 a 40 minutos.

4 Retire do forno e deixe esfriar. Coloque na geladeira por, pelo menos, 4 horas antes de servir.

CALDA DE LARANJA

1 Descasque a abobrinha (use a casca em outras preparações).

2 Em uma panela, cozinhe a parte interna da abobrinha com o suco de laranja, o açúcar e o alecrim por 10 minutos em fogo baixo, até a abobrinha amolecer.

3 Junte o suco de limão e o mel e deixe cozinhar por mais 2 minutos.

4 Retire do fogo e bata em um liquidificador até virar uma calda levemente espessa.

MONTAGEM

1 Desenforme o pudim com muito cuidado em um prato.

2 Regue com a calda e coloque os gomos de laranjas em cima do pudim.

3 Polvilhe com as folhas de hortelã e sirva.

RECEITA VENCEDORA
Família Zacchi

RABANADA COM CAFÉ E BETERRABAS

30MIN | 4 PORÇÕES

BETERRABA

1/2 XÍCARA (CHÁ) DE AÇÚCAR CRISTAL

1 XÍCARA (CHÁ) DE ÁGUA

2 BETERRABAS, COM TALOS E RAIZ PICADOS

SUCO COADO DE 1 LARANJA

CALDA

1/2 XÍCARA (CHÁ) DE AÇÚCAR

1/4 DE XÍCARA (CHÁ) DE ÁGUA

1 COLHER (SOPA) DE CAFÉ INSTANTÂNEO

RABANADA

3 OVOS

1/2 XÍCARA (CHÁ) DE LEITE

1/4 DE XÍCARA (CHÁ) DE AÇÚCAR

1/4 DE XÍCARA (CHÁ) DE CAFÉ COADO FORTE*

UMA PITADA DE NOZ-MOSCADA

10 FATIAS DE PÃO AMANHECIDO E DURO (PODE SER FRANCÊS)

2 XÍCARAS (CHÁ) DE FARINHA PANKO

ÓLEO O QUANTO BASTE PARA FRITAR

* Usei o café da Amazônia. Mas você pode usar o de sua preferência.

BETERRABA

1 Em uma panela, aqueça o açúcar e a água por 10 minutos, até o açúcar derreter.

2 Acrescente a beterraba e cozinhe por mais 2 minutos.

3 Escorra e deixe a beterraba descansar no suco de laranja.

CALDA

1 Em uma panela, junte todos os ingredientes e cozinhe até que o açúcar derreta e o café se dissolva.

RABANADA

1 Em uma tigela, misture o ovo, o leite, o açúcar, o café e a noz-moscada.

2 Passe as fatias de pão na mistura de ovos.

3 Depois, empane as fatias na farinha panko.

4 Frite em óleo bem quente até dourar.

5 Retire a rabanada e apoie em papel-toalha para absorver o excesso de óleo.

6 Ofereça a rabanada, a calda e a beterraba separadamente. Sirva ainda quente!

RECEITA VENCEDORA
Família Zacchi

FILÉ-MIGNON COM CROSTA DE CAFÉ E CUSCUZ

1H30 | 4 PORÇÕES

2 XÍCARAS (CHÁ) DE ÁGUA

2 XÍCARAS (CHÁ) DE CUSCUZ MARROQUINO

SUCO DE 1 LARANJA

SAL O QUANTO BASTE

PIMENTA-DO-REINO O QUANTO BASTE

50 ML DE AZEITE + O QUANTO BASTE PARA TEMPERAR

½ XÍCARA (CHÁ) DE TOMILHO FRESCO

4 MEDALHÕES (150 G CADA) DE FILÉ--MIGNON

15 PIMENTAS BIQUINHO CORTADAS AO MEIO

CAFÉ EM PÓ O QUANTO BASTE PARA TEMPERAR O MEDALHÃO

1 FOLHA DE LOURO

1 DENTE DE ALHO AMASSADO

1 CEBOLA CORTADA A JULIENNE

200 ML DE CAFÉ COADO FORTE

100 ML DE MELAÇO DE CANA

1 Ferva a água.

2 Em uma tigela, coloque o cuscuz, a água fervente e o suco de laranja. Deixe o cuscuz hidratar por 30 minutos.

3 Tempere o cuscuz hidratado com sal, a pimenta biquinho, azeite e o tomilho. Reserve.

4 Em um refratário, tempere os medalhões com sal, a pimenta e o café em pó. *Esse tempero deve formar uma camada em torno da carne até que não seja possível mais ver sua cor. Reserve.*

5 Em uma frigideira, aqueça 50 ml de azeite com o louro e o alho.

6 Quando estiver bem quente, coloque os medalhões e doure por 4 minutos de cada lado.

7 Retire os medalhões e deixe repousar em um prato.

8 Na mesma frigideira ainda no fogo, adicione a cebola e deixe cozinhar até suar.

9 Adicione o café coado e o melaço, e deixe reduzir.

10 Sirva o cuscuz em um prato fundo com um medalhão por cima, regado com a cebola e a redução.

peixe de rio

CEVICHE DE TUCUNARÉ COM MARACUJÁ

30MIN | 4 PORÇÕES

PATACÃO DE BANANA

1 BANANA-DA-TERRA VERDE

1 L DE ÓLEO PARA FRITAR

SAL O QUANTO BASTE

UMA PITADA DE PÁPRICA DEFUMADA

CEVICHE DE PEIXE COM MARACUJÁ

400 G DE PEIXE BRANCO LIMPO, SEM PELE E SEM ESPINHAS

2 COLHERES (SOPA) DE SAL

5 PEDRAS DE GELO

1 PIMENTA DEDO-DE-MOÇA SEM SEMENTES E FATIADA FINAMENTE

100 G DE CEBOLA ROXA FATIADA FINAMENTE

POLPA DE 1 MARACUJÁ COADA E SEM SEMENTES

50 ML DE SUCO DE LIMÃO

1/2 XÍCARA (CHÁ) DE COENTRO PICADO GROSSEIRAMENTE

PATACÃO

1 Corte a banana-verde em rodelas de 3 cm. Em uma frigideira, aqueça o óleo a 160 °C e coloque as rodelas de banana. Frite até ficarem douradas.

2 Retire do óleo e com um prato amasse cada rodela para formar um "chip" fino. Volte a fritar no mesmo óleo até ficarem crocantes e douradas. Retire do óleo, deixe secar em papel toalha e tempere com sal e páprica

CEVICHE

1 Corte o peixe branco em cubos de 2 cm e coloque em uma vasilha.

2 Junte o sal e mexa por 2 minutos. Junte o gelo, a pimenta, a cebola roxa, a polpa de maracujá, o suco de limão e o coentro picado finamente. Mexa por 4 a 5 minutos. Junte mais duas pedras de gelo e prove. Ajuste o sal e a acidez, caso necessário.

PEIXE EMPANADO NO PÃO DE AÇAÍ

1H30 | 10 PORÇÕES

TRUTA EMPANADA NA FARINHA

10 FILÉS (CERCA DE 500 G) DE TRUTA CORTADOS EM CUBOS DE 4 × 4 CM

SAL O QUANTO BASTE

PIMENTA-DO-REINO MOÍDA O QUANTO BASTE

1 COLHER (CHÁ) DE PÁPRICA

200 G DE FARINHA DE TRIGO

4 OVOS

200 G DE FARINHA DE MILHO FLOCADA

MOLHO AGRIDOCE

50 G DE MOLHO DE PIMENTA TAILANDÊS SWEET CHILLY

10 ML DE ÓLEO DE GERGELIM

20 G DE MISSÔ

20 G DE AÇÚCAR

50 G DE MOLHO DE PIMENTA SRIRACHA

MAIONESE DE LEITE

150 ML DE LEITE

150 ML DE AZEITE

150 ML DE ÓLEO DE MILHO

1 DENTE DE ALHO

SAL O QUANTO BASTE

MONTAGEM

10 PÃES DE AÇAÍ NO VAPOR (RECEITA NA PÁG. 62)

20 FATIAS DE PICLES DE MAXIXE, MEL E ENDRO (RECEITA NA PÁG. 90)

1 COLHER (SOPA) DE FOLHAS DE COENTRO

TRUTA EMPANADA NA FARINHA

1 Tempere a truta com sal e pimenta-do-reino.

2 Para empanar, passe numa mistura de farinha de trigo com páprica, no ovo e, por último, na farinha de milho.

3 Frite em uma panela com óleo a 180 °C até dourar.

MOLHO AGRIDOCE

1 Bata tudo no liquidificador até virar um molho liso.

MAIONESE DE LEITE

1 Bata tudo no liquidificador até emulsionar.

2 Ajuste o sal e reserve.

MONTAGEM

1 Corte os pães na metade.

2 Passe maionese nas partes internas dos pães.

3 Acomode o peixe sobre uma metade de pão, coloque algumas gotas de molho agridoce, cubra com duas fatias de picles de maxixe e algumas folhas de coentro. Em seguida, feche com a outra metade de pão. Sirva quente para comer com as mãos.

FILÉ DE PINTADO NO MISSÔ ASSADO NA BRASA E FAROFA DE BANANA COM GENGIBRE

2H + 24H | 2 PORÇÕES

MOLHO TERYAKI

100 ML DE SHOYU DE BOA QUALIDADE

100 ML DE SAQUÊ KIRIN

100 ML DE SAQUÊ MIRIN

50 G DE MELAÇO DE CANA

RASPAS DE 1/2 LIMÃO-SICILIANO

PINTADO NO MISSÔ

70 ML DE SAQUÊ KIRIN

70 ML DE SAQUÊ MIRIN

40 G DE AÇÚCAR

200 G DE MISSÔ

1 COLHER (CHÁ) DE SAL

1 LIMÃO

500 G DE FILÉ DE PINTADO

50 G DE MANTEIGA

FAROFA DE BANANA COM GENGIBRE

2 BANANAS-NANICAS

40 G DE MANTEIGA

30 G DE CEBOLA PICADA

15 G DE GENGIBRE PICADO

200 G DE FAROFA

1 COLHER (SOPA) DE COENTRO PICADO

2 COLHERES (SOPA) DE PIMENTA BIQUINHO

1 COLHER (SOPA) DE CEBOLINHA PICADA

SAL O QUANTO BASTE

PIMENTA-DO-REINO MOÍDA O QUANTO BASTE

DICA: SE FOR USAR O MISSÔ INDUSTRIALIZADO, DISSOLVA EM 100 ML DE ÁGUA. ELE É MAIS SALGADO QUE O ARTESANAL

MOLHO TERIYAKI

1 Em uma panela, coloque todos os ingredientes e leve ao fogo baixo.

2 Deixe cozinhar até reduzir pela metade. Retire do fogo e reserve. Após esfriar, o molho fica ligeiramente espesso.

PINTADO NO MISSÔ

1 Em uma panela, coloque os saquês e o açúcar e deixe cozinhar por 4 minutos.

2 Retire do fogo, misture o missô e deixe esfriar. Reserve.

3 Em uma vasilha, tempere os filés de pintado com sal e limão e deixe descansar por 8 minutos.

4 Lave o peixe em água corrente. Seque com papel-toalha.

5 Coloque o peixe de volta na vasilha e cubra com a mistura de missô e saquês, de forma que todo o peixe fique envolto. Deixe marinar por 24 horas – ou, no mínimo, por 12 horas.

6 Passado o tempo, retire o peixe da marinada e raspe o excesso de missô. *É importante tirar o excesso de missô, pois pode queimar na grelha.*

7 Em uma grelha para peixe, doure os filés por 5 minutos de cada lado, a uma distância de 30 cm da brasa. Se necessário, para que doure bem, passe a manteiga no peixe com um pincel, aos poucos.

8 Retire o peixe da brasa e pincele um pouco de teriyaki de cada lado dele.

FAROFA DE BANANA

1 Em um frigideira de fundo grosso, derreta a manteiga, junte a cebola e o gengibre e deixe refogar ligeiramente.

2 Adicione a banana à frigideira e deixe cozinhar até ela amolecer um pouco.

3 Misture a farofa pronta com o coentro picado, a pimenta biquinho e a cebolinha.

4 Junte a farofa com o refogado de banana. Tempere com sal e pimenta-do-reino. Sirva acompanhando o peixe.

RECEITA VENCEDORA
Família Ferreira

ISCA DE PIRARUCU COM MAIONESE

1H30 | 6 PORÇÕES

PIRARUCU

1 POSTA (500 G) DE PIRARUCU SEM ESPINHAS E CORTADA EM TIRAS

1 LIMÃO

SAL O QUANTO BASTE

PIMENTA-DO-REINO O QUANTO BASTE

2 DENTES DE ALHO

SALSINHA O QUANTO BASTE

ÓLEO O QUANTO BASTE PARA FRITAR

5 COLHERES (SOPA) DE FARINHA DE TRIGO

2 COLHERES (SOPA) DE FARINHA-D'ÁGUA

2 COLHERES (SOPA) DE FARINHA PANKO

1 COLHER (SOPA) DE FARINHA DE TAPIOCA HIDRATADA

MAIONESE

2 OVOS

1/2 DENTE DE ALHO

1/2 CEBOLA

8 GOTAS DE LIMÃO

1/2 COLHER (CHÁ) DE SAL

SALSINHA PICADA O QUANTO BASTE

CEBOLINHA PICADA O QUANTO BASTE

UMA PITADA DE NOZ-MOSCADA

ÓLEO DE CANOLA O QUANTO BASTE

PIRARUCU

1 Em um refratário, marine o pirarucu no limão e no sal até ele começar a ficar branquinho.

2 Lave em água corrente e deixe escorrer completamente em uma peneira.

3 Tempere o pirarucu com sal, pimenta-do-reino, o alho e um pouco de salsinha.

4 Aqueça o óleo em uma frigideira rasa.

5 Enquanto isso, em uma tigela, misture as farinhas.

6 Passe as tiras de peixe pela mistura e retire o excesso.

7 Frite o peixe no óleo quente. Ao retirá-lo da frigideira, deixe escorrer em papel absorvente.

8 Sirva acompanhado da maionese.

MAIONESE

1 Bata todos os ingredientes, exceto o óleo, no liquidificador.

2 Aos poucos, vá adicionando o óleo até que a maionese atinja o ponto.

hortaliças

PICLES

DE CHUCHU

30MIN + 2 DIAS

- 1 CHUCHU GRANDE (300 G)
- 150 ML DE VINAGRE DE VINHO BRANCO
- 80 G DE AÇÚCAR
- 1 COLHER (SOPA) DE GENGIBRE FATIADO
- 1 COLHER (SOPA) DE GERGELIM PRETO
- 200 ML DE ÁGUA
- 1 COLHER (CHÁ) DE SAL
- 1 COLHER (SOPA) DE ÓLEO DE GERGELIM

1 Fatie o chuchu em um mandolim e, em seguida, corte na vertical fios finos. Coloque o chuchu já fatiado em um pote de vidro esterilizado e reserve.

2 Em uma panela, junte o vinagre, o açúcar, o gengibre, o gergelim, a água e o sal. Cozinhe por 5 minutos, até o açúcar se dissolver, e junte o óleo de gergelim.

3 Jogue essa mistura ainda quente no pote com chuchu, cobrindo tudo até quase completar o pote.

4 Tampe bem ainda quente e guarde em geladeira. *Em 2 dias o picles já estará com outra textura, mas você pode esperar 2 semanas para curtir e obter mais sabor.* Dura até 15 dias na geladeira.

DE MAXIXE, MEL E ENDRO

2H30 + 2 DIAS

- 300 G DE MAXIXE FATIADO NA VERTICAL
- 2 COLHERES (CHÁ) DE SAL
- 150 ML DE VINAGRE DE ARROZ
- 80 G DE MEL
- 1 COLHER (SOPA) DE SEMENTE DE ENDRO
- 1 COLHER (SOPA) DE SEMENTE DE MOSTARDA
- 200 ML DE ÁGUA
- 30 ML DE AZEITE

1 Em uma tigela, misture o maxixe e 1 colher (chá) de sal e deixe descansar por 2 horas.

2 Passado esse tempo, derrame o maxixe em uma peneira e lave em água corrente. Coloque em um pote de vidro esterilizado e reserve.

3 Em uma panela, junte o vinagre, o mel, o endro, a mostarda, a água e o restante do sal. Cozinhe por 5 minutos, até o açúcar se dissolver, e junte o azeite.

4 Despeje essa mistura ainda quente no pote com maxixe, cobrindo tudo até quase completar o pote.

5 Tampe bem ainda quente e guarde em geladeira. Em 2 dias o picles já estará com outra textura, mas você pode esperar 2 semanas para curtir e obter mais sabor. Dura até 15 dias na geladeira.

DE MAMÃO VERDE NO MISSÔ

1H + 24H + 30MIN + 14 DIAS

1 KG DE MAMÃO VERDE SEM CASCA E SEM SEMENTES

70 G DE SAL

350 G DE AÇÚCAR

1 KG DE MISSÔ

80 ML DE CACHAÇA (OU SAQUÊ)

1 Corte cada mamão verde em 8 pedaços no sentido do comprimento.

2 Deixe o mamão de molho em água fria por 30 minutos. *Isso é feito para tirar o excesso de papaína e ele não "puxar" na boca.*

3 Escorra o mamão, coloque em uma tigela e tempere com sal e 150 g do açúcar.

4 Ainda com o mamão na tigela, coloque um peso em cima. *Pode ser um prato com uma garrafa de vinho em cima, por exemplo.* Deixe nessa salmoura por 24 horas. *Esta etapa é importante para tirar o excesso de água do interior do mamão e, assim, garantir crocância.*

5 Passado o tempo, lave em água corrente para tirar o excesso de sal. Escorra e seque com um pano limpo e seco.

6 Em um pote hermético, junte o missô ao restante do açúcar e a cachaça. Coloque o mamão verde e incorpore bem, de forma que a fruta fique bem envolta na mistura de missô. *Deixe curtir na geladeira por, pelo menos, 14 dias antes de comer.* Dura até 15 dias na geladeira.

7 Na hora de comer, é só retirar um pedaço de mamão, raspar o excesso da pasta de missô e fatiar da maneira desejada.

QUIABO ENROLADO NO BACON COM MOLHO HOLANDÊS DE MARACUJÁ

1H | 6 PORÇÕES

QUIABO COM BACON

20 QUIABOS MÉDIOS

UMA PITADA DE SAL

20 FATIAS FINÍSSIMAS DE BACON

PIMENTA-DO-REINO MOÍDA O QUANTO BASTE

40 G DE MANTEIGA GHEE (OU MANTEIGA DE GARRAFA)

4 DENTES DE ALHO

2 COLHERES (SOPA) DE MELAÇO DE CANA

1 COLHER (CHÁ) DE PÁPRICA PICANTE

MOLHO HOLANDÊS DE MARACUJÁ

80 ML DE SUCO DE MARACUJÁ CONCENTRADO

6 GRÃOS DE PIMENTA-DO-REINO PRETA QUEBRADOS NA FACA

200 G DE MANTEIGA SEM SAL

2 GEMAS

SAL O QUANTO BASTE

PIMENTA-DO-REINO MOÍDA O QUANTO BASTE

1/2 COLHER (CHÁ) DE PIMENTA SRIRACHA

1 COLHER (SOPA) DE CEBOLINHA-FRANCESA PICADA

QUIABO COM BACON

1 Tempere o quiabo com sal e deixe descansar por 5 minutos.

2 Enrole cada quiabo com uma fatia de bacon, prendendo com um palito de dente.

3 Em uma frigideira, coloque a manteiga ghee, os quiabos e os dentes de alho inteiros. Doure o quiabo de todos os lados até o bacon ficar crocante.

4 Retire os quiabos da frigideira, regue com o melaço, polvilhe a páprica e reserve.

MOLHO HOLANDÊS DE MARACUJÁ

1 Em uma panela pequena, coloque o suco de maracujá com os grãos quebrados de pimenta-do-reino para aquecer em fogo baixo.

2 Quando começar a ferver, retire do fogo e coe em uma tigela de inox. Descarte os grãos quebrados de pimenta-do-reino e deixe esfriar.

3 Derreta a manteiga no micro-ondas e reserve.

4 Junte as gemas ao suco de maracujá cozido e tempere com sal e pimenta-do-reino moída. Bata com um fouet até a mistura ficar esbranquiçada.

5 Leve essa vasilha ao fogo em banho-maria.

6 Junte a manteiga derretida aos poucos à vasilha, sem parar de bater com o fouet. Cozinhe por 3 ou 4 minutos, até a mistura engrossar. *Tenha muito cuidado para a água não ferver, pois isso talha as gemas do molho.*

7 Retire do fogo, junte a pimenta sriracha e a cebolinha e sirva ainda morno.

REPOLHO ASSADO NA BRASA COM MOLHO APIMENTADO DE PASTA DE AMENDOIM

1H | 4 PORÇÕES

REPOLHO ASSADO

1 REPOLHO VERDE INTEIRO

100 G DE MANTEIGA DERRETIDA

SAL O QUANTO BASTE

PIMENTA-DO-REINO MOÍDA O QUANTO BASTE

MOLHO APIMENTADO DE PASTA DE AMENDOIM

1 CABEÇA DE ALHO

20 ML DE AZEITE

100 G DE PASTA DE AMENDOIM INTEGRAL

SUCO DE 1 LIMÃO

1 COLHER (SOPA) DE PIMENTA SRIRACHA

2 COLHERES (SOPA) DE ÓLEO DE GERGELIM

150 ML DE ÁGUA

50 ML DE VINAGRE DE ARROZ

2 COLHERES (SOPA) DE MOLHO DE OSTRA*

2 COLHERES (SOPA) DE MELAÇO DE CANA

1 COLHER (SOPA) DE GENGIBRE RALADO

SAL O QUANTO BASTE

MONTAGEM

100 G DE QUEIJO PARMESÃO RALADO NA HORA

2 COLHERES (SOPA) DE SALSINHA PICADA

* Você pode encontrar em lojas de produtos japoneses.

REPOLHO ASSADO

1 Deixando o talo para manter a forma, corte o repolho em 8 gomos iguais no sentido das folhas.

2 Em uma assadeira, coloque o repolho com a parte interna para cima, regue com a manteiga derretida, salpique sal e pimenta-do-reino e leve ao forno a 230 °C de 15 a 20 minutos.

3 Retire do forno e reserve.

MOLHO APIMENTADO DE PASTA DE AMENDOIM

1 Coloque os dentes de alho em uma assadeira, regue com o azeite e leve ao forno a 180 °C por 20 minutos, até dourar.

2 Retire do forno, espere esfriar um pouco e descasque.

3 Em um liquidificador, coloque o alho assado e o restante dos ingredientes da receita. Bata até virar um molho liso homogêneo. Ajuste o sal, se necessário.

MONTAGEM

1 Regue o repolho assado com o molho apimentado de pasta de amendoim, rale o queijo por cima, na hora, e salpique a salsinha picada.

CHÁ GELADO DE HIBISCO COM LIMÃO E ESPECIARIAS

30MIN + 1H | 1L (4 COPOS)

30 G DE HIBISCO SECO

1,2 L DE ÁGUA

2 SEMENTES DE CARDAMOMO

50 G DE GENGIBRE DESCASCADO

SUCO DE 4 LIMÕES

4 COLHERES (SOPA) DE MEL

1/2 MAÇO DE HORTELÃ

GELO O QUANTO BASTE

1 Leve ao fogo uma panela com o hibisco, a água e o cardamomo. Espere ferver e, depois, deixe cozinhar por mais 5 minutos.

2 Retire do fogo e deixe em infusão por 10 minutos.

3 Coe e despeje o líquido no liquidificador.

4 Junte o gengibre, o suco de limão e o mel e bata por 30 segundos.

5 Coe novamente e coloque em uma jarra. Leve à geladeira por, no mínimo, 1 hora.

6 Sirva em um copo longo com hortelã e gelo.

RECEITA VENCEDORA
Suzan Zacchi

ENSOPADO DE COGUMELOS COM BRÓCOLIS

1H30 | 4 PORÇÕES

1 XÍCARA (CHÁ) DE ARROZ BASMATI

2 XÍCARAS (CHÁ) DE ÁGUA + 1,5 L DE ÁGUA

1 COLHER (CAFÉ) DE SEMENTES DE COENTRO

1/2 BRÓCOLIS NINJA GRANDE (200 G)

AZEITE O QUANTO BASTE

SAL O QUANTO BASTE

PIMENTA-DO-REINO O QUANTO BASTE

100 G DE SHIMEJI

100 G DE COGUMELO-DE-PARIS

3 FOLHAS DE LOURO

1 RAMO DE ALECRIM

3 RAMOS DE ORÉGANO FRESCO

10 G DE COGUMELO PORCINI FRESCO

1 TALO DE ALHO-PORÓ

1 TALO DE SALSÃO

1 CENOURA GRANDE

2 CEBOLAS GRANDES

50 G DE COGUMELO PORCINI SECO

50 G DE FARINHA DE TRIGO

1 Em uma panela, cozinhe o arroz basmati com 2 xícaras de água.

2 Depois de pronto, misture as sementes de coentro ao arroz. Reserve.

3 Salteie o brócolis em um fio de azeite com sal e pimenta-do-reino. Reserve.

4 Salteie o shimeji em um fio de azeite com sal e pimenta-do-reino. Reserve.

5 Salteie o cogumelo-de-paris em um fio de azeite com sal e pimenta-do-reino. Reserve.

6 Em uma panela, faça um caldo com 1,5 L de água, o louro, o alecrim, o orégano, o cogumelo porcini fresco, o alho-poró, o salsão, a cenoura e 1 cebola.

7 Em uma tigela, hidrate o cogumelo porcini seco com um pouco do caldo por 15 minutos. Reserve.

8 Em outra panela, refogue 1 cebola em um fio de azeite até caramelizar.

9 Acrescente a farinha de trigo.

10 Aos poucos, e mexendo com um fouet sem parar, acrescente cerca de 6 conchas do caldo, ou até obter a consistência desejada do ensopado.

11 Se necessário, acerte o sal, abaixe o fogo e deixe apurar.

12 Adicione o brócolis, o shimeji, o cogumelo-de-paris salteados e o porcini hidratado.

13 Sirva o ensopado com arroz basmati.

RECEITA VENCEDORA
Licinha Ferreira

ABÓBORA-JAPONESA COM CARNE-SECA

1H | 6 PORÇÕES

- 1 COLHER (SOPA) DE ALHO PICADO
- 1 CEBOLA PICADA
- UM FIO DE AZEITE
- 1/2 ABÓBORA-JAPONESA DESCASCADA E CORTADA EM CUBOS
- 100 G DE BACON
- 300 G DE CARNE-SECA DESSALGADA E CORTADA EM CUBOS
- 1 TOMATE MADURO SEM PELE E PICADO
- SAL O QUANTO BASTE
- PIMENTA-DO-REINO O QUANTO BASTE
- NOZ-MOSCADA O QUANTO BASTE
- SALSINHA O QUANTO BASTE
- CEBOLINHA O QUANTO BASTE
- COENTRO O QUANTO BASTE

1. Em uma panela, frite o alho e a cebola num fio de azeite. Junte a abóbora cortada e cozinhe. Se necessário, acrescente um pouco de água para não grudar na panela.
2. Em outra panela, frite o bacon. Junte a carne-seca e refogue.
3. Adicione o tomate e refogue mais um pouco.
4. Junte a abóbora cozida ao refogado e deixe cozinhar por cerca de 5 minutos em fogo baixo. Se necessário, adicione um pouco de água.
5. Tempere com sal, pimenta-do-reino e noz-moscada.
6. Retire do fogo e finalize salpicando salsinha, cebolinha e coentro picados.

aves e ovos

CHAWANMUSHI DE CAMARÃO SECO

1H | 4 PORÇÕES

CALDO DE CAMARÃO SECO

400 G DE CASCA DE CAMARÃO

100 G DE CAMARÃO SECO

1,5 L DE ÁGUA

100 G DE CEBOLA

2 DENTES DE ALHO

50 G DE CENOURA

2 PIMENTAS-DE-CHEIRO SEM ARDOR (OU PIMENTA CAMBUCI)

1/2 MAÇO DE COENTRO

4 GRÃOS DE PIMENTA-DO-REINO QUEBRADOS NA FACA

4 COGUMELOS SHIITAKE SECOS*

50 ML DE LEITE DE COCO

1 COLHER (CHÁ) DE CURRY EM PÓ

1 COLHER (CHÁ) DE GENGIBRE FRESCO

100 ML DE SAQUÊ MIRIN* (OU VINHO BRANCO)

CHAWANMUSHI

4 COGUMELOS SHIITAKE FRESCOS

600 ML DE CALDO DE CAMARÃO FRIO

8 CAMARÕES MÉDIOS

4 OVOS CAIPIRAS GRANDES

SAL O QUANTO BASTE

40 G DO CAMARÃO SECO QUE FOI COZIDO PARA FAZER O CALDO

1/2 XÍCARA (CHÁ) DE COENTRO

* Você pode encontrar em lojas de produtos japoneses.

CALDO DE CAMARÃO SECO

1 Em uma panela grande, junte todos os ingredientes e deixe cozinhar por 1 hora em fogo baixo.

2 Coe com uma peneira de inox, reserve e resfrie. *Guarde os camarões secos para serem usados no chawanmushi.*

CHAWANMUSHI

1 Em uma panela pequena, cozinhe o shiitake com 100 ml do caldo de camarão por 2 minutos em fogo baixo.

2 Retire o cogumelo e, em seguida, no mesmo caldo, cozinhe o camarão médio por 1 minuto. Retire do caldo e reserve.

3 Em uma tigela, misture 500 ml do caldo e os ovos com um fouet, sem bater muito para não aerar. Ajuste o sal e reserve.

4 *Separe 4 tigelas de cerâmica com capacidade para 250 ml, que suportem cozimento em banho-maria.* Pegue 4 tigelas e, em cada uma, coloque 10 g de camarão seco, 2 camarões pré-cozidos, 1 cogumelo, 3 folhas de coentro e 160 ml da mistura de ovos e caldo. Tampe as tigelas com filme plástico e cozinhe em banho-maria por 11 minutos. Sirva com uma colher.

ARROZ DE PATO COM CHOURIÇO

4H | 4 PORÇÕES

PATO DESFIADO

2 KG DE PATO COM OSSO (PODE SER COXA E SOBRECOXA)

500 G DE CHOURIÇO

SAL O QUANTO BASTE

PIMENTA-DO-REINO MOÍDA O QUANTO BASTE

3 DENTES DE ALHO

50 ML DE AZEITE

100 G DE CEBOLA EM CUBOS GRANDES

50 G DE CENOURA PICADA

2 COLHERES (SOPA) DE EXTRATO DE TOMATE

100 ML DE VINHO BRANCO

50 ML DE VINAGRE DE VINHO BRANCO

2 FOLHAS DE LOURO

1 BUQUÊ DE TOMILHO

UMA PITADA DE COMINHO

1 L DE CALDO DE GALINHA

(OU DE LEGUMES) CASEIRO

ARROZ DE PATO

50 ML DE AZEITE EXTRAVIRGEM + O QUANTO BASTE PARA REGAR

60 G DE CEBOLA PICADA

5 G DE ALHO PICADO

50 G DE PIMENTÃO VERMELHO PICADO

50 G DE CENOURA PICADA

250 G DE ARROZ-AGULHINHA

50 ML DE VINHO DO PORTO

50 G DE TOMATE PICADO

600 G DE PATO DESFIADO

600 ML DE CALDO DO COZIMENTO DO PATO (COM OS VEGETAIS DO COZIMENTO)

200 G DE LINGUIÇA PORTUGUESA CURADA (50 G PICADO E 150 G EM RODELAS)

100 G DE QUEIJO DA SERRA DA ESTRELA (OU REQUEIJÃO DE BOA QUALIDADE)

2 COLHERES (SOPA) DE COENTRO PICADO GROSSEIRAMENTE

2 COLHERES (SOPA) DE SALSINHA PICADA GROSSEIRAMENTE

PATO DESFIADO

1 Tempere o pato com sal, pimenta-do--reino e o alho e deixe marinar por, pelo menos, 1 hora.

2 Aqueça uma panela grande de fundo grosso, coloque o azeite e sele os pedaços de pato. Junte o chouriço picado e doure por 2 minutos, mexendo de vez em quando.

3 Acrescente a cebola, o alho e a cenoura e refogue por mais 5 minutos. Junte o extrato de tomate e refogue por mais 1 minuto.

4 Deglace com o vinho e o vinagre.

5 Junte o restante dos ingredientes, tampe e deixe cozinhar de 45 a 60 minutos.

6 Após esse tempo, verifique se a carne já está no ponto, macia. Caso não esteja, deixe cozinhar por mais um tempo, sempre checando o ponto.

7 Tire a panela do fogo e, com uma pinça, retire todos os pedaços de pato do molho. Desosse, deixando pedaços grandes. Descarte os ossos e o excesso de gordura da carne.

8 Depois de frio, retire mais do excesso de gordura do caldo com a ajuda de uma colher.

ARROZ DE PATO

1 Aqueça uma frigideira de fundo grosso que possa ir ao forno, junte o azeite, a cebola, o alho, o pimentão e a cenoura, e deixe refogar por 5 minutos, mexendo sempre.

2 Junte o arroz ao refogado e deixe fritar por 2 ou 3 minutos.

3 Deglace com o vinho do Porto.

4 Junte o tomate, o pato desfiado e o caldo do pato com os vegetais do cozimento.

5 Reduza o fogo, tampe a frigideira e deixe cozinhar por 14 minutos. Observe a umidade do arroz e, caso necessário, junte mais caldo.

6 Por cima, acomode as rodelas de chouriço e espalhe colheradas do queijo da Serra da Estrela (ou do requeijão) sobre o arroz.

7 Leve a frigideira ao forno a 200 °C por 10 minutos, até o arroz absorver o líquido e a superfície estar levemente dourada.

8 Retire do forno, junte o coentro, a salsinha, regue com azeite e sirva.

SUFLÊ DE DOCE DE LEITE COM FLOR DE SAL E CALDA DE REQUEIJÃO

1H30 | 10 PORÇÕES

SUFLÊ DE DOCE DE LEITE

130 G DE AÇÚCAR + O QUANTO BASTE PARA POLVILHAR

5 GEMAS

45 G DE AMIDO DE MILHO

400 ML DE LEITE

UMA PITADA DE SAL (PARA AS CLARAS EM NEVE)

180 G DE DOCE DE LEITE

40 G DE MANTEIGA SEM SAL + O QUANTO BASTE PARA UNTAR

1/2 COLHER (CHÁ) DE CANELA EM PÓ

6 CLARAS

30 G DE AÇÚCAR DE CONFEITEIRO PARA DECORAR

CALDA DE REQUEIJÃO

150 G DE REQUEIJÃO CREMOSO

150 ML DE LEITE INTEGRAL

UMA PITADA DE NOZ-MOSCADA RALADA NA HORA

1/2 COLHER (CHÁ) DE FLOR DE SAL

40 G DE AÇÚCAR

SUFLÊ DE DOCE DE LEITE

1 Em uma vasilha, e com a ajuda de um fouet, misture 30 g do açúcar com as gemas e o amido de milho, até obter um creme esbranquiçado.

2 Em uma panela de inox de fundo grosso, junte o leite, o sal e o doce de leite e aqueça até ferver.

3 Aos poucos, derrame o doce de leite sobre o creme de gemas enquanto mexe bem com um fouet.

4 Volte esse creme para a panela e leve ao fogo baixo novamente por 4 minutos, até o amido cozinhar completamente.

5 Retire do fogo, junte a manteiga e a canela e mexa bem.

6 Despeje o creme numa vasilha e cubra com filme plástico, deixando-o colado à superfície do creme para não formar película. Deixe esfriar.

7 Em uma batedeira, bata as claras em neve com 100 g do açúcar e uma pitada de sal, até formar um merengue com picos firmes.

8 Com a ajuda de uma espátula de silicone, incorpore as claras em neve ao creme de doce de leite. Faça isso com muito cuidado para não perder a aeração das claras.

9 Unte ramequins com manteiga e, depois, polvilhe açúcar.

10 Despeje a massa do suflê nos ramequins e leve ao forno preaquecido a 200 °C de 20 a 25 minutos.

CALDA DE REQUEIJÃO

1 Em uma panela, coloque todos os ingredientes.

2 Cozinhe por 4 minutos, até virar um creme liso.

3 Sirva quente sobre o suflê recém-saído do forno.

DICA: NÃO ABRA O FORNO DURANTE O PROCESSO

RECEITA VENCEDORA
Fernando Acherboim

PATO COM CHUTNEY DE MANGA

1H30 | 4 PORÇÕES

CHUTNEY

1/2 XÍCARA (CHÁ) DE AÇÚCAR

1/2 XÍCARA (CHÁ) DE ÁGUA

1 XÍCARA (CHÁ) DE VINAGRE

1 MANGA PICADA

1 PIMENTA DEDO-DE-MOÇA PICADA

SAL O QUANTO BASTE

1 COLHER (SOPA) DE MOSTARDA

PATO

4 COXAS DE PATO COM SOBRECOXAS

SAL O QUANTO BASTE

PIMENTA-DO-REINO O QUANTO BASTE

AZEITE O QUANTO BASTE

200 G DE BATATA BOLINHA CORTADA EM QUATRO

3 CEBOLAS CORTADAS EM TIRAS

200 G DE COGUMELO-DE-PARIS

1 RAMO DE ALECRIM PICADO

CHUTNEY

1. Em uma panela, cozinhe o açúcar, a água e o vinagre. Deixe ferver.
2. Então, acrescente os demais ingredientes.
3. Deixe cozinhar por 20 minutos em fogo baixo.
4. Retire do fogo. Com a ajuda de um mixer, bata os ingredientes até obter um creme.
5. Leve o creme de volta para o fogo e cozinhe até engrossar.
6. Depois que esfriar, acondicione em um pote.

PATO

1. Preaqueça o forno.
2. Tempere o pato com sal e pimenta-do-reino.
3. Em uma panela, sele o pato.

4 Acomode a carne em uma assadeira e leve ao forno a 200 °C por 40 minutos.

5 Enquanto isso, em uma panela, cozinhe a batata por 10 minutos. Ela deve ainda permanecer firme. Reserve.

6 Em uma frigideira, refogue a cebola no azeite por 10 minutos.

7 Adicione o cogumelo e salteie por 5 minutos.

8 Junte a batata e refogue tudo por cerca de 2 minutos, até os sabores se misturarem.

9 Ajuste o tempero com sal e pimenta-do-reino, e finalize salpicando alecrim.

MONTAGEM

1 Sirva o pato em uma travessa, rodeado pelo cogumelo com batata e cebola e acompanhado de uma porção de chutney.

milho

PIPOCA CARAMELIZADA COM TOFFEE DE AMBURANA, ALECRIM E FLOR DE SAL

1H30 | 6 PORÇÕES

100 G DE MILHO PARA PIPOCA

20 ML DE ÓLEO

220 G DE AÇÚCAR BRANCO REFINADO

80 G DE AÇÚCAR MASCAVO

80 G DE GLUCOSE DE MILHO

1 SEMENTE DE AMBURANA RALADA FINAMENTE (OU UMA FAVA DE BAUNILHA RASPADA)

100 ML DE ÁGUA

1 COLHER (SOPA) RASA DE FLOR DE SAL

1 COLHER (SOPA) DE ALECRIM FRESCO PICADO

ÓLEO PARA UNTAR O QUANTO BASTE

1 Em uma panela, junte o milho ao óleo e faça a pipoca. Reserve.

2 Em outra panela, junte o açúcar branco, o açúcar mascavo, a glucose, a amburana ralada e a água, e leve ao fogo. *Não mexa ou introduza colheres com água nessa panela, para não cristalizar a calda.* Deixe cozinhar até o ponto de caramelo (140 °C).

3 Retire a panela do fogo e derrame a calda sobre a pipoca já estourada.

4 Junte a flor de sal e o alecrim e misture bem com muito cuidado, até a pipoca estar bem envolta em caramelo.

5 Derrame sobre uma superfície untada com óleo, espere esfriar um pouco e solte os pedaços grandes com as mãos. Sirva, ou guarde em potes de vidro bem fechados.

BROA DE FUBÁ E BANANA ASSADA NA FOLHA DE BANANEIRA

2H | 15 BROAS

- 60 G DE BANANA-PASSA
- 100 G DE BANANA-NANICA
- 220 G DE MANTEIGA + O QUANTO BASTE PARA SERVIR
- 20 G DE AÇÚCAR MASCAVO
- 480 ML DE ÁGUA
- 240 ML DE LEITE
- 280 G DE FUBÁ
- 4 OVOS CAIPIRAS
- UMA PITADA DE SAL
- 1 COLHER (SOPA) DE FERMENTO EM PÓ
- UMA PITADA DE CANELA EM PÓ
- 15 FOLHAS DE BANANEIRA CORTADAS EM QUADRADOS DE 15 × 15 CM

1 Pique as bananas-passas e as bananas-nanicas e misture.

2 Em uma frigideira, junte 20 g de manteiga e as bananas picadas, deixe cozinhar por 10 minutos, mexendo sempre, até a mistura perder boa parte da água e quase caramelizar. A consistência é de um purê.

3 Junte o açúcar, retire do fogo e deixe esfriar. Reserve.

4 Em uma panela, junte 200 g de manteiga, a água e o leite, e deixe cozinhar até quase ferver. Junte o fubá de uma vez e misture bem. Cozinhe de 8 a 10 minutos ou até desprender do fundo da panela.

5 Retire a mistura do fogo e coloque numa tigela. Junte os ovos, um a um, ao purê de banana, mexendo sempre.

6 Junte o sal, o fermento em pó e a canela e misture bem.

7 Dobre a folha de bananeira em 3 partes iguais. Coloque ½ xícara da massa na parte central da folha e espalhe com as mãos apenas no centro, deixando dois dedos de distância da borda e as partes laterais livres. Dobre as duas partes laterais da folha e deixe o corte da folha para baixo. Repita até fazer 10 bolinhos.

8 Coloque os charutos de massa com as folhas de bananeira em uma assadeira e asse em forno preaquecido a 180 °C de 25 a 30 minutos.

9 Retire do fogo e sirva quente com manteiga.

COZIDO DE MILHO BRANCO COM CARNES SALGADAS E DEFUMADAS

24H + 4H | 4 PORÇÕES

150 G DE CHARQUE

1 PÉ DE PORCO SALGADO

100 G DE COSTELINHA DE PORCO SALGADA

30 ML DE AZEITE

100 G DE CEBOLA PICADA

10 G DE ALHO PICADO

50 G DE PAIO

100 G BACON CORTADO EM CUBOS MÉDIOS

250 G DE MILHO BRANCO PARA MUNGUNZÁ/CANJICA

2 FOLHAS DE LOURO

1 COLHER (CHÁ) DE URUCUM EM PÓ (OU COLORAL)

150 G DE ABÓBORA CORTADA EM CUBOS MÉDIOS

SAL O QUANTO BASTE

1/2 XÍCARA (CHÁ) DE COENTRO PICADO GROSSEIRAMENTE

4 FOLHAS DE COUVE CORTADAS GROSSEIRAMENTE

80 G DE MAXIXE CORTADO AO MEIO

UMA PITADA DE COMINHO

PIMENTA-DO-REINO MOÍDA NA HORA O QUANTO BASTE

1 Dessalgue o charque, o pé e a costelinha de porco: deixe de molho em água fria por 24 horas na geladeira, trocando a água de 4 em 4 horas.

2 Depois das carnes dessalgadas, em uma panela de pressão, junte a costelinha e o pé de porco. Cubra com água e cozinhe por cerca de 40 minutos depois que pegar a pressão. Coe e reserve o caldo.

3 Em uma panela de pressão, junte o azeite, a cebola, o alho e refogue por 2 minutos.

4 Adicione o paio, o bacon, o caldo do cozimento do pé, o milho, o louro, o urucum e a abóbora, e deixe cozinhar por 25 minutos, contando a partir da hora que começar a pressão.

5 Retire a pressão, junte a costelinha e o pé de porco já cozidos. Ajuste o sal, junte o coentro picado, a couve rasgada, o maxixe, o cominho e a pimenta-do-reino e cozinhe por mais uns 10 minutos. Caso necessário junte mais água. Retire do fogo e sirva em cumbucas como acompanhamento ou prato principal.

RECEITA VENCEDORA
Lili Ferreira

POLENTA BRANCA COM RAGU DE FRANGO

1H15 | 6 PORÇÕES

RAGU

½ LIMÃO

1 KG DE COXINHA DE ASA DE FRANGO

½ CEBOLA

4 DENTES DE ALHO

AZEITE O QUANTO BASTE

1 TOMATE SEM POLPA E SEM PELE

POLENTA

1 MAÇO DE CHEIRO-VERDE

½ CEBOLA

500 ML DE ÁGUA

SAL O QUANTO BASTE

PIMENTA-DO-REINO O QUANTO BASTE

NOZ-MOSCADA O QUANTO BASTE

250 G DE FUBÁ BRANCO

DICA: REFOGUE UM POUCO DE COUVE COM BACON E SALPIQUE POR CIMA DO RAGU ANTES DE SERVIR

RAGU

1 Esfregue limão nas coxinhas da asa e reserve.

2 Em uma panela, refogue a cebola e o alho no azeite até dourar.

3 Junte o frango e refogue bem, mexendo bastante. Coloque um pouco de água sempre que for necessário.

4 Adicione o tomate e continue refogando até formar o molho.

POLENTA

1 Enquanto o molho apura, retire as coxas uma a uma. Desfie os pedaços de frango. Devolva a carne para o molho e coloque os ossos em uma segunda panela.

2 Para fazer o caldo de frango para a polenta, junte os talos de cheiro-verde e a cebola aos ossos, adicione a água e deixar ferver.

3 Tempere o caldo com sal, pimenta-do-reino e noz-moscada.

4 Aos poucos, adicione o fubá ao caldo, mexendo sempre com um fouet até dar o ponto. *O ponto da polenta deve ser molinho.*

MONTAGEM

1 Em uma travessa, intercale uma camada de polenta com uma de ragu.

vísceras

SANDUÍCHE DE LÍNGUA DE BOI, PICLES DE CHUCHU, MOSTARDA E MAIONESE DE LEITE

5 DIAS + 1H + 1 DIA + 30MIN | 6 SANDUÍCHES

LÍNGUA

75 G DE SAL GROSSO

5 G DE SAL DE CURA*

150 G DE AÇÚCAR MASCAVO

2 L DE ÁGUA

1 COLHER (CHÁ) DE CANELA EM PÓ

1 COLHER (CHÁ) DE SEMENTE DE COENTRO

1 COLHER (CHÁ) DE COMINHO EM PÓ

1 COLHER (SOPA) DE SHOYU

1 COLHER (CHÁ) DE PÁPRICA DEFUMADA

1 COLHER (CHÁ) DE ESSÊNCIA DE FUMAÇA (FUMAÇA LÍQUIDA)

1 KG DE LÍNGUA BOVINA

1 1/2 L DE CALDO DE CARNE (OU LEGUMES)

500 ML DE VINHO BRANCO

1 CEBOLA

2 DENTES DE ALHO

MISTURA DE TEMPEROS SECOS DRY RUB: 1 COLHER (CHÁ) DE PIMENTA-DO-REINO MOÍDA, 1 COLHER (CHÁ) DE SEMENTE DE COENTRO MOÍDA, 1 COLHER (CHÁ) DE PÁPRICA DOCE EM PÓ, 1/2 COLHER (CHÁ) DE COMINHO EM PÓ

MOLHO

120 G MAIONESE DE LEITE (RECEITA NA PÁG. 80)

100 G MOSTARDA DE DIJON

SUCO DE 1/2 LIMÃO-SICILIANO

20 ML DE AZEITE

SAL O QUANTO BASTE

PIMENTA-DO-REINO MOÍDA O QUANTO BASTE

2 COLHERES (SOPA) DE FOLHAS DE ENDRO/DILL PICADAS

MONTAGEM

12 FATIAS DE PÃO DE CENTEIO

60 G DE MANTEIGA SEM SAL

120 G DE PICLES DE CHUCHU (RECEITA NA PÁG. 90)

* Você pode encontrar em lojas de produtos para embutidos.

LÍNGUA

1 Em uma vasilha grande, prepare a salmoura: coloque o sal grosso, o sal de cura, o açúcar, a água, a canela, as sementes de coentro, o cominho, o shoyu, a páprica e a essência de fumaça. Misture tudo com um fouet, até diluir todo o sal e o açúcar.

2 Coloque a língua na salmoura, tampe e deixe 4 dias nessa mistura, dentro da geladeira.

3 Passado esse tempo, retire a língua da salmoura e lave rapidamente em água corrente. Seque com um papel-toalha. Descarte a salmoura. *É normal a salmoura às vezes ficar meio viscosa, não se preocupe.*

4 Em uma panela de pressão, coloque o caldo, o vinho branco, a língua, a cebola e o alho. Deixe cozinhar por 40 minutos depois de começar a chiar.

5 Passado esse tempo, retire a língua da panela, deixe esfriar. Com uma faca afiada, retire a pele da língua e descarte.

6 Seque a língua com um papel-toalha e polvilhe todos os lados com o dry rub. Enrole a língua num filme plástico e deixe mais 1 dia na geladeira.

7 Você pode servir a língua fria e fatiada finamente, ou aquecer em uma panela de cozimento a vapor e depois fatiar finamente.

MOLHO

1 Em uma vasilha, misture todos os ingredientes com um fouet até obter um molho homogêneo.

MONTAGEM

1 Passe manteiga em apenas um lado das fatias de pão de centeio.

2 Em uma frigideira, doure somente o lado do pão com a manteiga. Reserve.

3 Sobre uma fatia de pão, coloque uma porção de língua e, por cima dela, uma boa colherada de molho de mostarda, uma colherada de picles de chuchu e finalize com outra fatia de pão, formando um sanduíche.

MOELA DE GALINHA COM MOLHO DE TOMATE E CHOURIÇO

3H | 8 PORÇÕES

- 1 KG DE MOELA DE GALINHA
- SAL O QUANTO BASTE
- PIMENTA-DO-REINO MOÍDA NA HORA O QUANTO BASTE
- 50 ML DE AZEITE EXTRA VIRGEM + O QUANTO BASTE PARA REGAR
- 200 G DE CEBOLA PICADA
- 3 DENTES DE ALHO PICADOS
- 100 ML DE VINHO BRANCO
- 100 G DE CHOURIÇO (OU MORCELA)
- 1 LATA (400 G) DE TOMATE PELADO
- 2 FOLHAS DE LOURO
- UMA PITADA DE COMINHO EM PÓ
- 1 COLHER (CHÁ) DE PÁPRICA DOCE
- 2 COLHERES (SOPA) DE COENTRO PICADO GROSSEIRAMENTE
- 2 COLHERES (SOPA) DE SALSINHA PICADA GROSSEIRAMENTE

1 Em uma tigela, tempere as moelas com sal e pimenta-do-reino e deixe descansar por 30 minutos.

2 Em uma panela de fundo grosso, junte o azeite, a cebola picada, o alho picado, e refogue.

3 Acrescente as moelas temperadas, o vinho branco e o chouriço e deixe cozinhar por 5 minutos.

4 Junte na panela o tomate pelado, o louro, o cominho e a páprica doce. Tampe e deixe cozinhar em fogo baixo de 40 a 50 minutos.

5 Retire do fogo, adicione o coentro e a salsinha, regue com azeite e ajuste o sal, se necessário.

DICA: SIRVA COMO APERITIVO ACOMPANHADO DE PÃES DE FERMENTAÇÃO NATURAL

CORAÇÃO DE GALINHA COM GENGIBRE, CEBOLINHA, SHOYU E MELAÇO DE CANA

4H | 5 PORÇÕES

5 DENTES DE ALHO

1 CEBOLA

3 COLHERES (SOPA) DE AZEITE

400 G DE CORAÇÃO DE GALINHA

3 COLHERES (SOPA) DE PIMENTÃO VERMELHO PICADO

2 COLHERES (SOPA) DE GENGIBRE

1 PIMENTA DEDO-DE-MOÇA SEM SEMENTES E PICADA

1 COLHER (SOPA) DE MOLHO DE OSTRA*

1 XÍCARA (CHÁ) DE CASTANHA-DE-CAJU TORRADA

½ XÍCARA (CHÁ) DE SHOYU DE FERMENTAÇÃO NATURAL

1 COLHER (SOPA) DE MELAÇO DE CANA

3 COLHERES (SOPA) DE VINAGRE DE ARROZ (50 ML)

2 COLHERES (SOPA) DE ÓLEO DE GERGELIM TORRADO

½ XÍCARA (CHÁ) DE CEBOLINHA PICADA

1 XÍCARA (CHÁ) DE COENTRO PICADO GROSSEIRAMENTE

* Você pode encontrar em lojas de produtos japoneses.

1 Coloque o dente de alho e a cebola inteira em uma pequena assadeira e leve ao forno a 180 °C por 20 minutos.

2 Aqueça bem uma chapa ou frigideira de ferro. Coloque um fio de azeite e o coração de galinha. Junte a cebola e o alho assados e mexa.

3 Acrescente o pimentão, o gengibre e a pimenta dedo-de-moça e refogue.

4 Adicione o molho de ostra, a castanha-de-caju, o shoyu e o melaço de cana e deixe caramelizar um pouco.

5 Deglace o fundo da frigideira com o vinagre de arroz.

6 Junte o óleo de gergelim e finalize com as ervas picadas. Ajuste o sal, se necessário.

RECEITA VENCEDORA
Nathalie Vilas Boas

TERRINE DE FÍGADO DE GALINHA

2H45 | 4 PORÇÕES

1 CEBOLA GRANDE PICADA

1 DENTE DE ALHO PICADO

50 G DE MANTEIGA

500 G DE FÍGADO DE GALINHA

UM PUNHADO DE UM MIX DE ERVAS AROMÁTICAS: SÁLVIA, TOMILHO, MANJERICÃO E ALECRIM

1 FOLHA DE LOURO

SAL O QUANTO BASTE

PIMENTA-DO-REINO O QUANTO BASTE

UMA PITADA DE NOZ-MOSCADA

1 XÍCARA (CHÁ) DE VINHO DO PORTO

DICA: SIRVA COM TORRADAS E GELEIA DE PIMENTA

1 Em uma panela, refogue a cebola e o alho em um pouco de manteiga.

2 Junte o fígado e frite até dourar.

3 Acrescente as ervas picadas e o louro, e tempere com sal, pimenta-do-reino e a noz-moscada.

4 Quando secar, adicione o vinho do Porto e deixe ferver até o álcool evaporar.

5 Retire a folha de louro, despeje tudo em um processador e bata.

6 Acrescente o restante da manteiga e bata mais um pouco.

7 Forre o fundo de uma fôrma para terrine com plástico filme. Despeje a mistura na fôrma, cubra com plástico de PVC.

8 Leve para gelar por cerca de 2 horas, antes de servir.

leite

GOUGÈRE DE QUEIJO CANASTRA

1H30 | 30 UNIDADES

GOUGÈRE

250 ML DE ÁGUA

250 ML DE LEITE INTEGRAL

220 G DE MANTEIGA SEM SAL + O QUANTO BASTE PARA UNTAR

UMA PITADA DE SAL

UMA PITADA DE NOZ-MOSCADA RALADA NA HORA

300 G DE FARINHA DE TRIGO

8 OVOS CAIPIRAS

220 G DE QUEIJO CANASTRA RALADO

1 GEMA BATIDA COM 1 COLHER (SOPA) DE LEITE PARA PINCELAR (OPCIONAL)

RECHEIO

400 G DE CREAM CHEESE

100 G DE QUEIJO CANASTRA RALADO

20 ML DE AZEITE EXTRAVIRGEM

CEBOLINHA-FRANCESA PICADA FINAMENTE O QUANTO BASTE

SAL O QUANTO BASTE

UMA PITADA DE PIMENTA-DO-REINO BRANCA

UMA PITADA DE NOZ-MOSCADA

GOUGÈRE

1 Em uma panela, junte a água, o leite, a manteiga, o sal e a noz-moscada. Leve ao fogo até o ponto de fervura.

2 Adicione a farinha de trigo de uma vez só, e continue mexendo com uma colher por 4 minutos ou até desgrudar do fundo da panela.

3 Retire do fogo, derrame a massa em uma tigela e deixe descansar por 4 minutos.

4 Acrescente os ovos à massa, incorporando de um a um. Mexa sempre com a colher a cada ovo adicionado. Com uma colher de pau, bata até a massa esfriar.

5 Junte o queijo ralado e misture até ele ser completamente incorporado.

6 Preaqueça o forno a 200 °C.

7 Coloque a massa em um saco de confeiteiro com o bico liso nº 12.

8 Em uma assadeira untada com manteiga, coloque pingos de massa, tentando não formar um bico muito grande.

9 Se desejar, pincele as gougères com a gema.

10 Asse por 10 minutos em forno a 200 °C. Depois, reduza a temperatura para 180 °C e asse até estarem completamente douradas e secas por baixo.

11 Retire do forno e deixe esfriar. Na hora de servir, recheie com a mistura de requeijão de queijo canastra.

RECHEIO

1 Em uma tigela, coloque todos os ingredientes e misture tudo com a ajuda de uma colher ou fouet.

2 Coloque o creme em um saco de confeitar com bico nº 12 e recheie as gougères.

PANNA COTTA CÍTRICA, TOFFEE SALGADO DE CUMARU E PIPOCA DE ARROZ

2H + 5H | 8 PORÇÕES

PANNA COTTA CÍTRICA

5 G DE GELATINA EM PÓ

50 ML DE ÁGUA FRIA

200 ML DE LEITE

100 G DE AÇÚCAR

10 G DE RASPAS DE LIMÃO-SICILIANO

10 G DE RASPAS DE LARANJA

5 FOLHAS DE ERVA-CIDREIRA (OU TALOS DE CAPIM-SANTO)

300 G DE CREME DE LEITE FRESCO

TOFFEE DE CUMARU

70 G DE MANTEIGA SEM SAL

125 G DE AÇÚCAR BRANCO REFINADO

100 G DE AÇÚCAR MASCAVO

90 ML DE ÁGUA

80 ML DE LEITE MORNO

1 SEMENTE DE CUMARU RALADA FINAMENTE

200 G DE CREME DE LEITE FRESCO

1 COLHER (CHÁ) DE SAL

PIPOCA DE ARROZ

50 ML DE ÓLEO

80 G DE ARROZ-SELVAGEM

1 COLHER (SOPA) DE MANTEIGA SEM SAL

UMA PITADA DE SAL

PANNA COTTA CÍTRICA

1 Hidrate a gelatina na água fria, depois a derreta em banho-maria ou no micro--ondas por 15 segundos. Reserve.

2 Em uma panela, junte o leite, o açúcar, as raspas de limão e de laranja, e a erva-cidreira. Leve ao fogo baixo e cozinhe por 5 minutos.

3 Retire do fogo, coe a mistura e adicione o creme de leite e a gelatina já hidratada. Incorpore tudo, mexendo com um fouet.

4 Derrame o creme em forminhas de pudim ou panna cotta ou em taças de vidro. Leve à geladeira por, pelo menos, 5 horas.

TOFFEE DE CUMARU

1 Coloque a manteiga em uma frigideira e deixe caramelizar em fogo baixo até dourar. *Este é o grande segredo deste toffee! Na gastronomia, a chamamos de manteiga noisette.* Retire do fogo e imediatamente despeje-a em uma vasilha, para não correr risco de queimar. Reserve.

2 Em uma panela, junte o açúcar branco, o açúcar mascavo e a água. Cozinhe até caramelizar (140 °C). Retire do fogo.

3 Cuidadosamente, acrescente o restante dos ingredientes, inclusive a manteiga noisette. Volte ao fogo bem baixo e cozinhe de 8 a 10 minutos, até encorpar e o caramelo derreter completamente.

PIPOCA DE ARROZ

1 Em uma panela com tampa, coloque o óleo e deixe esquentar.

2 Junte o arroz e tampe. Nesse momento, os grãos de arroz vão começar a estourar. Agite a panela para mexer os grãos de arroz lá dentro, até não se ouvir mais os estouros.

3 Retire do fogo, adicione a manteiga e o sal.

4 Coloque a pipoca numa vasilha forrada com papel-toalha e reserve.

MONTAGEM

1 Na hora de servir, depois que o creme da panna cotta estiver bem gelado, monte as camadas.

2 Despeje uma porção de caramelo sobre a panna cotta.

3 Para finalizar, salpique a pipoca de arroz por cima do caramelo.

4 Sirva imediatamente, enquanto o creme ainda estiver gelado.

SORVETE DE IOGURTE COM RASPADINHA DE MOJITO

1H + 14H | 10 PORÇÕES

SORVETE DE IOGURTE

800 ML DE CREME DE LEITE FRESCO

12 GEMAS

250 G DE AÇÚCAR

1/2 COLHER (CHÁ) DE SAL

100 G DE CHOCOLATE BRANCO

700 ML DE IOGURTE

50 ML DE RUM

1 COLHER (CHÁ) DE ESTABILIZANTE

RASPADINHA DE MOJITO

150 ML DE ÁGUA

150 G DE AÇÚCAR

1 XÍCARA (CHÁ) DE FOLHAS DE HORTELÃ

200 ML DE ÁGUA TÔNICA

SUCO DE 3 LIMÕES-TAITI

150 ML DE RUM

SORVETE DE IOGURTE

1 Em uma panela de fundo grosso, coloque o creme de leite para aquecer.

2 Enquanto isso, em uma tigela, coloque as gemas com o açúcar e o sal e bata com um fouet por 3 minutos, até misturar bem.

3 Com muito cuidado, derrame o creme aquecido nos ovos, mexendo sempre com o fouet.

4 Leve a mistura novamente à panela e deixe cozinhar por 2 ou 3 minutos, até atingir o ponto (alcançar 85 °C ou até esconder as costas de uma colher).

5 Adicione o chocolate branco picado, o iogurte, o rum e o estabilizante e misture bem com um fouet.

6 Passe numa peneira e deixe gelar por 12 horas.

7 Passado esse tempo, coloque numa sorveteira ou faça do jeito caseiro: coloque a mistura em uma tigela de inox e leve ao freezer. A cada 1 hora, retire do freezer e bata a mistura com um fouet até quebrar os cristais de gelo. Quando a massa estiver ainda mais gelada, reduza os intervalos para 30 minutos. Repita o processo até o completo congelamento.

RASPADINHA DE MOJITO

1 Em uma panela, cozinhe a água e o açúcar por 4 minutos, até virar uma calda leve. Deixe a calda esfriar e, depois, leve à geladeira.

2 Em um liquidificador, junte a calda de açúcar gelada e o restante dos ingredientes. Bata por 3 ou 4 minutos, até triturar bem. Retire do liquidificador e coe.

3 Coloque em uma vasilha e leve ao freezer por, pelo menos, 10 horas.

4 Passado esse tempo, retire do freezer e raspe a superfície com um garfo até formar a raspadinha (granité).

RECEITA VENCEDORA
Nathalie Vilas Boas

CROSTATA DE RICOTA E CHOCOLATE QUENTE

1H30 | 6 PORÇÕES

MASSA

300 G DE FARINHA DE TRIGO

150 G DE MANTEIGA

70 G DE AÇÚCAR

3 OVOS

RASPAS DA CASCA DE 1 LIMÃO

RECHEIO

400 G DE RICOTA

30 G DE CHOCOLATE PICADO

RASPAS DA CASCA DE 1 LIMÃO

RASPAS DA CASCA DE 1 LARANJA

15 ML DE VINHO MARSALA

1 Em uma superfície lisa, coloque todos os ingredientes da massa e sove até misturar bem.

2 Faça uma bola com a massa e deixe descansar por 20 minutos.

3 Preaqueça o forno.

4 Depois desse tempo, abra a massa com o auxílio de um rolo.

5 Forre uma fôrma de fundo removível com a massa e faça furinhos com um garfo.

6 Leve ao forno a 200 °C por 15 minutos. Depois desse tempo, retire do forno e reserve.

7 Para o recheio, amasse a ricota com um garfo e misture a todos os ingredientes.

8 Coloque o recheio na fôrma, sobre a massa pré-assada.

9 Leve ao forno novamente a 200 °C por mais 30 minutos.

feijão e arroz

FALAFEL DE FEIJÃO--BRANCO COM MOLHO DE IOGURTE E PASTA DE AMENDOIM

12H + 1H | 30 UNIDADES

FALAFEL DE FEIJÃO-BRANCO

400 G DE FEIJÃO-BRANCO

80 G DE CEBOLA-BRANCA CORTADA EM CUBOS

2 DENTES DE ALHO INTEIROS

50 G DE CASTANHA-DO-PARÁ

1 COLHER (CHÁ) DE ZAATAR

1 COLHER (CHÁ) DE COMINHO EM PÓ

1 COLHER (CHÁ) DE FERMENTO EM PÓ

SUCO DE 1 LIMÃO

1/2 XÍCARA (CHÁ) DE SALSINHA PICADA GROSSEIRAMENTE

1/2 XÍCARA (CHÁ) DE COENTRO PICADO GROSSEIRAMENTE

1/2 XÍCARA (CHÁ) DE FARINHA DE MANDIOCA FINA

1 COLHER (SOPA) DE SAL

UMA PITADA DE PIMENTA-DO-REINO MOÍDA NA HORA

2 L DE ÓLEO PARA FRITAR

MOLHO DE IOGURTE

60 ML DE AZEITE EXTRA VIRGEM

300 G DE IOGURTE GREGO INTEGRAL SEM AÇÚCAR

3 COLHERES (SOPA) DE PASTA DE AMENDOIM INTEGRAL SEM AÇÚCAR

1/2 XÍCARA (CHÁ) DE FOLHAS DE HORTELÃ PICADAS GROSSEIRAMENTE

SUCO DE 1 LIMÃO-SICILIANO

1 COLHER (SOPA) DE MELAÇO DE CANA

UMA PITADA DE SAL

UMA PITADA DE PIMENTA-DO-REINO MOÍDA NA HORA

2 COLHERES (SOPA) DE COENTRO PICADO GROSSEIRAMENTE

FALAFEL DE FEIJÃO-BRANCO

1 Cubra o feijão com água e deixe de molho por 12 horas em temperatura ambiente.

2 A seguir, coe o feijão, lave bem e deixe escorrer.

3 Em um liquidificador, bata o feijão hidratado, a cebola, o alho e a castanha-do-pará até obter uma pasta homogênea. Caso necessário, junte um pouco de água.

4 Coloque essa mistura em uma vasilha e junte o restante dos ingredientes, exceto o óleo. Bata com um fouet ou uma colher por 5 minutos.

5 Depois, deixe a mistura descansar por 30 minutos.

6 Aqueça o óleo até atingir 180 °C. Com a ajuda de duas colheres, coloque colheradas (quenelles) de massa no óleo. Frite até dourar.

7 Retire do óleo com uma escumadeira e deixe secar em uma assadeira forrada com papel-toalha.

MOLHO DE IOGURTE

1 Coloque todos os ingredientes em uma vasilha e misture tudo com um fouet.

DICA: VOCÊ PODE FAZER UM SANDUÍCHE DE FALAFEL: COLOQUE O BOLINHO EM UM PÃO PITA, REGUE COM O MOLHO DE IOGURTE E JUNTE ALGUNS VEGETAIS

ARROZ MELOSO DE RABADA COM COGUMELO E RÚCULA

4H | 6 A 8 PORÇÕES

RABADA DESFIADA

1,5 KG DE RABADA COM OSSO

SAL O QUANTO BASTE

PIMENTA-DO-REINO MOÍDA O QUANTO BASTE

50 ML DE AZEITE

40 G DE BACON

100 G DE CEBOLA PICADA

10 G DE ALHO PICADO

100 G DE CENOURA CORTADA EM CUBOS MÉDIOS

1 COLHER (SOPA) DE EXTRATO DE TOMATE

100 ML DE VINHO TINTO

50 ML DE VINAGRE DE VINHO TINTO

1 FOLHA DE LOURO

1 BUQUÊ DE TOMILHO

UMA PITADA DE COMINHO

1 L DE CALDO DE CARNE (OU LEGUMES) CASEIRO

ARROZ DE RABADA

40 ML DE AZEITE EXTRA VIRGEM

50 G DE CEBOLA PICADA

5 G DE ALHO PICADO

40 G DE PIMENTÃO VERMELHO PICADO

1 COLHER (CHÁ) DE PÁPRICA DEFUMADA

250 G DE ARROZ-BOMBA (TÍPICO ARROZ ESPANHOL PARA FAZER PAELLA)

50 ML DE VINHO BRANCO

200 G DE COGUMELO-DE-PARIS CORTADO EM CUBOS GRANDES

50 G DE TOMATE PICADO

700 G DE RABADA DESFIADA

600 ML DE CALDO DO COZIMENTO DA RABADA

2 COLHERES (SOPA) DE COENTRO PICADO GROSSEIRAMENTE

2 COLHERES (SOPA) DE SALSINHA PICADA GROSSEIRAMENTE

1 MAÇO DE RÚCULA

RABADA DESFIADA

1 Tempere a rabada com sal e pimenta-do--reino e deixe marinar por 1 hora.

2 Aqueça uma panela grande de fundo grosso, coloque o azeite e sele os pedaços de rabada.

3 Junte o bacon e deixe dourar por 2 minutos, mexendo de vez em quando.

4 Adicione a cebola, o alho e a cenoura e refogue por mais 5 minutos.

5 Acrescente o extrato de tomate e refogue por mais 1 minuto.

6 Deglace o fundo da panela com o vinho tinto e o vinagre.

7 Junte o restante dos ingredientes. Coloque tudo numa panela de pressão e deixe cozinhar por 1 hora.

8 Verifique o ponto da carne e deixe cozinhar mais, se necessário.

9 Tire a panela do fogo e, com uma pinça, retire todos os pedaços de rabada do molho. Desosse-a, deixando pedaços grandes. Descarte os ossos e o excesso de gordura da carne.

10 Retire também o excesso de gordura do caldo com a ajuda de uma concha.

ARROZ DE RABADA

1 Aqueça um tacho para paella, junte o azeite, a cebola, o alho e o pimentão e refogue por 5 minutos, mexendo sempre.

2 Junte a páprica e o arroz e deixe fritar por 2 ou 3 minutos.

3 Deglace o tacho com o vinho branco.

4 Acrescente o cogumelo, o tomate, a rabada desfiada e o caldo da rabada com os vegetais do cozimento.

5 Reduza o fogo, tampe o tacho e deixe cozinhar por 15 minutos. Observe a umidade do arroz e, caso necessário, adicione mais caldo. Tampe o tacho novamente e deixe cozinhar por mais 5 minutos.

6 Retire do fogo, junte o coentro, a salsinha e a rúcula. Sirva.

DICA: GERALMENTE, ESTE TIPO DE ARROZ FORMA UMA PARTE TOSTADINHA POR BAIXO, NO FUNDO DO TACHO. NA ESPANHA, ESSE ARROZ TORRADO É CHAMADO DE SOCARRAT E É MUITO VALORIZADO

HOMUS DE SANTARÉM

1H | 8 PORÇÕES

HOMUS

400 G DE BERINJELA

1 DENTE DE ALHO COM CASCA

2 COLHERES (SOPA) DE TAHINE

300 G DE FEIJÃO-MANTEIGUINHA DE SANTARÉM COZIDO EM PONTO DE PURÊ

1 COLHER (SOPA) DE MEL

SUCO DE 2 LIMÕES

60 ML DE AZEITE EXTRA VIRGEM

1 COLHER (CHÁ) DE SAL

UMA PITADA DE PIMENTA-DO--REINO MOÍDA

UMA PITADA DE COMINHO

2 COLHERES (SOPA) DE COENTRO PICADO GROSSEIRAMENTE PARA DECORAR

BEIJU CROCANTE

300 G DE GOMA DE TAPIOCA (OU POLVILHO DOCE HIDRATADO)

40 G DE MANTEIGA DERRETIDA

UMA PITADA DE SAL

1 COLHER (CHÁ) DE PÁPRICA DEFUMADA

HOMUS

1 Asse as berinjelas diretamente na boca do fogão até a casca escurecer e começar a suar. *A intenção aqui é quase queimar as cascas. Não se preocupe, a parte interna fica com gosto de defumado, mas não de queimado.*

2 Coloque em uma assadeira as berinjelas e o alho, e leve ao forno por 10 minutos.

3 A seguir, retire-as do forno, corte-as no meio e, com uma colher, retire toda a polpa e reserve.

4 Em um processador, coloque a polpa de berinjela assada, o alho, o tahine, o feijão-manteiguinha, o mel, o suco de limão, o azeite, o sal, a pimenta-do-reino e o cominho. Bata de 3 a 5 minutos, até virar um purê liso.

BEIJU CROCANTE

1 Peneire a goma de tapioca e a deposite em uma frigideira de ferro. Faça um beiju, deixando cozinhar por 1 ou 2 minutos de cada lado.

2 Depois de prontos, pincele manteiga em todos os beijus, tempere com sal, e polvilhe a páprica defumada.

3 Leve ao forno de 3 a 5 minutos, até ficarem crocantes.

RECEITA VENCEDORA
Suzan Zacchi

BOLINHO DE ARROZ COM MOLHO DE TAHINE E ARROZ DE CARRETEIRO

1H | 3 PORÇÕES

MOLHO

2 COLHERES (SOPA) DE TAHINE

SUCO DE ½ LIMÃO

PIMENTA-DE-CAIENA O QUANTO BASTE

SAL O QUANTO BASTE

2 COLHERES (SOPA) DE ÁGUA

BOLINHO

1 XÍCARA (CHÁ) DE ARROZ COZIDO

1 OVO

1 COLHER (SOPA) DE FARINHA DE TRIGO

1 CEBOLA CARAMELIZADA CORTADA EM CUBOS

50 G DE PIMENTÃO AMARELO PUXADO NO AZEITE

50 G DE PIMENTÃO VERMELHO PUXADO NO AZEITE

PIMENTA-DE-CAIENA O QUANTO BASTE

SAL O QUANTO BASTE

ÓLEO O QUANTO BASTE PARA FRITAR

ARROZ DE CARRETEIRO

200 G DE BACON FATIADO

100 G DE LINGUIÇA CALABRESA

200 G DE CARNE-SECA COZIDA E DESFIADA

2 CEBOLAS GRANDES

6 DENTES DE ALHO

2 COLHERES (SOPA) DE BANHA DE PORCO

2 XÍCARAS (CHÁ) DE ARROZ COZIDO

1 MAÇO DE SALSINHA PICADA

SAL O QUANTO BASTE

PIMENTA-DO-REINO O QUANTO BASTE

MOLHO

1 Misture bem todos os ingredientes do molho e reserve.

BOLINHO

1 Misture todos os ingredientes do bolinho, exceto o óleo, e amasse bem com as mãos até obter uma massa bem consistente.

2 Faça bolinhas com a massa.

3 Frite em óleo quente por imersão.

4 Deixe descansar em papel absorvente antes de servir com o molho.

ARROZ DE CARRETEIRO

1 Em uma panela grande, refogue o bacon na sua própria gordura até dourar.

2 Adicione a linguiça, a carne-seca, a cebola, o alho e a banha de porco, e deixe fritar bem.

3 Quando tudo já estiver dourado, junte o arroz e a salsinha.

4 Antes de retirar do fogo, acrescente sal e pimenta-do-reino a gosto. Sirva quente.

boi e porco

BARRIGA DE PORCO ASSADA COM RAPADURA E VEGETAIS TOSTADOS

30MIN + 10H + 4H | 6 PORÇÕES

2 KG DE BARRIGA DE PORCO

400 ML DE CERVEJA PILSEN

50 G DE RAPADURA

1 COLHER (SOPA) DE ALECRIM FRESCO

4 DENTES DE ALHO

1 COLHER (SOPA) DE SEMENTE DE ERVA-DOCE

SAL O QUANTO BASTE

PIMENTA-DO-REINO MOÍDA O QUANTO BASTE

300 G DE CEBOLA CORTADA AO MEIO

200 G DE CENOURA

300 G DE TOMATE CORTADO AO MEIO

1 L DE CALDO DE CARNE

GUARNIÇÃO

REPOLHO ASSADO (RECEITA NA PÁG. 98)

1 Faça riscos com a ponta da faca na barriga de porco para facilitar a entrada do tempero. *Isso também ajuda na hora de assar.*

2 Para fazer a marinada, em um liquidificador, junte a cerveja, a rapadura, o alecrim, o alho, a erva-doce, sal e pimenta. Bata até obter uma pasta homogênea.

3 Coloque a barriga de porco em uma assadeira e cubra com a marinada, massageando a peça para o tempero impregnar. Cubra com filme de PVC e deixe descansar na geladeira por, no mínimo, 10 horas.

4 Para levar ao forno, coloque a barriga de porco e a marinada em outra assadeira.

5 Acomode a cebola, a cenoura e o tomate ao redor da barriga de porco.

6 Despeje o caldo e leve ao forno a 140 °C por 3 horas e 30 minutos. A cada 30 minutos regue a pele da barriga até a carne ficar tenra. Passado esse tempo, retire do forno.

7 Regule o forno para 180 °C. Asse a barriga por mais 16 minutos, pincelando o caldo na carne de 4 em 4 minutos, até dourar.

8 Retire do forno e sirva com o repolho assado.

WRAP DE COUVE COM PORCO

4H | 5 PORÇÕES

500 G DE BARRIGA DE PORCO ASSADA (RECEITA NA PÁG. 168)

100 G DE MACARRÃO DE ARROZ (BIFUM)

30 ML DE ÁGUA + O QUANTO BASTE PARA HIDRATAR O MACARRÃO

50 G DE AÇÚCAR

50 ML DE VINAGRE DE ARROZ

1 DENTE DE ALHO PICADO

50 G DE MOLHO DE PIMENTA SRIRACHA

50 G DE ÓLEO DE GERGELIM

30 G DE SHOYU

20 G DE MISSÔ

20 G DE GENGIBRE DESCASCADO E PICADO

15 FOLHAS DE COUVE

200 G DE PICLES DE CHUCHU (RECEITA NA PÁG. 90)

200 G DE CENOURA CORTADA EM TIRAS FINAS

100 G DE BROTO DE FEIJÃO

1 MAÇO DE COENTRO PICADO GROSSEIRAMENTE

1/2 XÍCARA (CHÁ) DE HORTELÃ

1 Corte a barriga de porco em fatias e reserve.

2 Hidrate o macarrão de arroz na água fria por 2 ou 3 minutos. Coe e reserve.

3 Em uma panela, coloque 30 ml de água, o açúcar, o vinagre de arroz e o alho e leve ao fogo até o açúcar derreter.

4 Retire do fogo e junte a pimenta sriracha, o óleo de gergelim, o shoyu, o missô e o gengibre picado. Coloque numa vasilha e reserve.

5 Corte e retire o talo central da couve.

6 Em cada folha de couve, coloque um pouco de arroz, picles de chuchu, cenoura, broto de feijão, barriga de porco, coentro e hortelã e regue com o molho de pimenta.

7 Enrole a folha de couve formando os rolinhos.

CUPIM COM SHOYU E GENGIBRE E ARROZ GLUTINOSO DE BETERRABA

3H | 4 PORÇÕES

CUPIM

50 ML DE AZEITE

1 KG DE CUPIM CORTADO EM CUBOS GRANDES

40 G DE MELAÇO DE CANA

250 ML DE SAQUÊ

100 ML DE SAQUÊ MIRIN

250 ML DE SHOYU DE FERMENTAÇÃO NATURAL

250 ML DE CALDO DE LEGUMES

50 G DE GENGIBRE RALADO

1 PIMENTA DEDO-DE-MOÇA

1 COLHER (SOPA) DE ÓLEO DE GERGELIM

2 DENTES DE ALHO AMASSADOS

1 XÍCARA (CHÁ) DE CEBOLINHA PICADA FINAMENTE

1 COLHER (SOPA) DE GERGELIM BRANCO

1 COLHER (SOPA) DE GERGELIM PRETO

ARROZ GLUTINOSO DE BETERRABA

200 G DE BETERRABA

500 ML DE ÁGUA

500 G DE ARROZ JAPONÊS

CUPIM

1 Em uma panela de pressão, aqueça o azeite e sele os cubos de cupim até dourar de todos os lados.

2 Adicione o melaço de cana, os saquês, o shoyu, o caldo, o gengibre, a pimenta, o óleo de gergelim e o alho. Tampe e deixe cozinhar por 30 minutos, contados a partir de quando a panela pegar pressão.

3 Passado esse tempo, com cuidado, tire a pressão da panela e observe o ponto da carne. Caso necessite cozinhar mais, tampe e deixe mais alguns minutos.

4 Então, com a panela aberta, deixe cozinhar por mais 10 minutos para apurar o molho.

5 Retire o cupim da panela, regue com o caldo, polvilhe a cebolinha e salpique com os gergelins moídos na hora.

ARROZ

1 Em um liquidificador, bata a beterraba com a água até obter um suco. Coe em uma peneira e reserve.

2 Em uma vasilha, cubra o arroz com água. Lave e escorra. Repita esse processo 4 vezes, até a água sair limpa. *Isso tira o excesso de amido do arroz e, ao mesmo tempo, não quebra os grãos.*

3 Na última lavagem, cubra o arroz com água e deixe hidratar por 30 minutos.

4 Passado esse tempo, escorra e reserve.

5 Em uma panela, coloque o arroz e 500 ml do suco de beterraba. Cozinhe de 15 a 18 minutos em fogo baixo. Quando acabar esse tempo, desligue o fogo, tampe e deixe descansar por 5 minutos.

6 Não é necessário temperar com sal, pois o molho da carne já é bem temperado.

RECEITA VENCEDORA
Suzan Sachi

MAÇÃ RECHEADA COM CARAMELO SALGADO

1H30 | 6 PORÇÕES

5 MAÇÃS SEM O MIOLO

CARAMELO SALGADO

200 G DE AÇÚCAR

1 COLHER (SOPA) DE GLICOSE

1 COLHER (CHÁ) DE SAL MARINHO

1/4 XÍCARA (CHÁ) DE ÁGUA

200 ML DE CREME DE LEITE FRESCO

CALDA

1 XÍCARA (CHÁ) DE MAÇÃ COM CANELA

1 COLHER (SOPA) DE AÇÚCAR

1/2 LIMÃO

CRUMBLE

1 XÍCARA (CHÁ) DE FARINHA

1/2 XÍCARA (CHÁ) DE AÇÚCAR

1 COLHER (CHÁ) DE SAL

150 GRAMAS DE MANTEIGA GELADA

CANELA A GOSTO

CHANTILLY

300 ML DE CREME DE LEITE FRESCO BATIDO

CASCA DE 1/2 LIMÃO

CARAMELO SALGADO

1 Em uma panela, leve o açúcar, a glicose, o sal e a água ao fogo até ferver e chegar ao ponto de caramelo.

2 Com o caramelo ainda no fogo, adicione o creme de leite e mexa até incorporar bem.

3 Tire do fogo e reserve.

CALDA

1 Coloque todos os ingredientes em uma panela e deixe ferver até reduzir a 1/3.

CRUMBLE

1 Misture todos os ingredientes com a ponta dos dedos até virar uma farofinha.

MONTAGEM

1 Recheie as maçãs com o caramelo salgado e cubra com o crumble.

2 Leve ao forno preaquecido a 220 °C por cerca de 20 minutos ou até dourar.

3 Sirva com o chantilly e a calda por cima.

ÍNDICE DE RECEITAS

bebidas

Negroni com laranja tostada e gelo de café **68**
Chocolate quente **150**

caldas e coberturas

Calda de laranja **70**
Calda de requeijão **114**
Toffee de cumaru **144**

entradas

Beiju de tapioca com steak tartare **40**
Ceviche de manga com camarão **64**
Ceviche de tucunaré com maracujá **78**
Steak tartare **40**

guarnições

Arroz glutinoso de beterraba **172**
Cozido de milho branco com carnes salgadas e defumadas **124**
Cuscuz de farinha de mandioca **32**
Espaguete de banana-verde **82**
Farofa de banana com gengibre **82**
Repolho assado na brasa com molho apimentado de pasta de amendoim **98**
Salada de pimentão assado **46**

molhos e conservas

Chutney de manga **116**
Chutney de tomate **56**

Maionese de leite **130**
Molho agridoce **80**
Molho de iogurte, pasta de amendoim e limão **154**
Molho de tahine **42/164**
Picles de chuchu **68**
Picles de mamão verde no missô **91**
Picles de maxixe, mel e endro **90**
Ragu de frango **127**

pães e bolos

Beiju de beterraba **40**
Beiju crocante **162**
Bolo de banana **21**
Gougères de queijo canastra **142**
Pão de açaí no vapor **62**
Tacos com farinha de mandioca **26**

petiscos e lanches

Falafel de feijão-branco **154**
Homus de Santarém **162**
Beiju crocante **162**
Bolinho de arroz **164**
Bolinho de mandioca **36**
Bolo salgado de macaxeira com queijo canastra **30**
Broa de fubá e banana assada na folha de bananeira **122**
Coração de galinha com gengibre, cebolinha, shoyu e melaço de cana **136**
Isca de pirarucu com maionese **86**
Linguiça de pato com salada de pimentão assado **46**
Pastel folhado de carne **52**
Terrine de fígado de galinha **138**
Tacos com farinha de mandioca **26**

pratos principais

Abóbora-japonesa com carne-seca **164**
Arroz de carreteiro **164**
Arroz meloso de rabada com cogumelo e rúcula **158**
Arroz de pato com chouriço **110**
Barriga de porco assada com rapadura e vegetais tostados **168**
Bobó de palmito pupunha com banana-da-terra e leite de castanha-do-pará **12**
Cordeiro assado **32**
Costela de porco **68**
Cupim com shoyu e gengibre **172**
Filé de pintado no missô assado na brasa **82**
Filé mignon com crosta de café e cuscuz **75**
Moela de galinha com molho de tomate e chouriço **134**
Nhoque de banana **22**
Pato com chutney de manga **116**
Polenta branca com ragu de frango **127**
Polpetone com macarrão e abobrinha **68**
Quiabo enrolado no bacon com molho holandês de maracujá **94**

sanduíches

Búrguer de cordeiro com molho de tahine, coalhada e hortelã **42**
Sanduíche de língua de boi, picles de chuchu, mostarda e maionese de leite **130**
Peixe empanado no pão de açaí **80**
Wrap de couve e porco **170**

sobremesas

Crostata de ricota 150
Crumble de manga 65
Maçã recheada 176
Panna cotta cítrica 144
Pipoca caramelizada com toffee de amburana, alecrim e flor de sal 120
Pudim de cappuccino com calda de laranja e caramelo 70
Rabanada com café e beterrabas 74
Sopa fria de cenoura com manga e sorvete de leite de coco e cardamomo 58
Sorvete de banana com cacau e praliné de nibs 18
Sorvete de iogurte com raspadinha de mojito 148
Suflê de doce de leite com flor de sal e calda de requeijão 144

sopas e caldos

Chawanmushi de camarão seco 108
Ensopado de cogumelos com brócolis 104

gnt

DIRETORA Daniela Mignani
GERENTE DE MARKETING Polika Teixeira
ANALISTA DE MARKETING Ingrid Forino

Texto fixado conforme as regras do novo acordo ortográfico da Língua Portuguesa (Decreto Legislativo nº 54, de 1995).

DIRETOR EXECUTIVO Mauro Palermo
EDITORA RESPONSÁVEL Camila Werner
EDITOR ASSISTENTE Lucas de Sena Lima
TEXTOS E RECEITAS Thiago Castanho
PREPARAÇÃO DE TEXTO Camile Mendrot [AbAeterno]
REVISÃO Ibraíma Dafonte Tavares, Thiago Barbalho
CAPA, PROJETO GRÁFICO E PAGINAÇÃO Casa 36
FOTOS DE CAPA E MIOLO Leo Feltran
TRATAMENTO DE IMAGENS Roberto de Souza Bezerra, Thais Pereira da Silva
PRODUÇÃO DE OBJETOS Ellen Annora
PRODUÇÃO CULINÁRIA Clarissa Zappe
ASSISTENTES DE COZINHA Cacá Barreto, Julia Bissiato, Elaine Albuquerque, Natália Rios
MAQUIAGEM Paty Slaviero

CIP-BRASIL. CATALOGAÇÃO NA PUBLICAÇÃO
SINDICATO NACIONAL DOS EDITORES DE LIVROS, RJ

C342c

Castanho, Thiago
Cozinheiros em ação / Thiago Castanho. 1. ed. - São Paulo : Globo Estilo, 2018.
184 p. : il.

ISBN 9788525065988

1. Culinária. 2. Gastronomia. I. Título.

18-50529 CDD: 641.5
CDU: 641.5

Meri Gleice Rodrigues de Souza - Bibliotecária CRB-7/6439

1ª edição, 2018

Editora Globo S. A.
Rua Marquês de Pombal, 25 – 20.230-240 – Rio de Janeiro – RJ
www.globolivros.com.br

A editora agradece a Il Casalingo, Casa Canela, Atelier Paula Almeida, Muriqui Cerâmica, Olaria Paulistana, Ideia Única, Nun Atelier e Raízes Design pela cessão de materiais para a produção deste livro.

Este livro, composto na fonte Breve,
foi impresso em papel couché 115 g/m^2,
na gráfica Ipsis, julho de 2018.